JN157145

カネとスパイとジャッキー・チェン

分断される民主化運動と中国の行く末

在米民主化運動リーダー
陳破空
Chen Pokong

高口康太〔訳〕

ビジネス社

はじめに

「強大」なのに「荒廃」した祖国を冷静に見る

「中国はなぜ、まだ崩壊しないのでしょうか?」

最近、日本の友人からこのような質問を受けることが増えてきた。以前ならば、「中国には、どのような問題があるのですか?」との質問が一番多かったように思う。日本人の中国に対する見方が、変化しつつあることの表れだろうか。

政治の腐敗、言論の自由に対する強い規制、市場経済ルールの未整備、激しい貧富の格差、環境破壊……。

中国の問題は枚挙に暇がない。かつては、そうした問題の数々と危機的状況に率直に驚く人が大半だった。ところが、中国の危機についてあまりに多く報じられてきたにもかかわらず、なかなか現実にならないためか、最近では

「危機に瀕していると言われ続けてきたが、一向にそうはならないじゃないか」

「いや、むしろ以前よりも強大化しているのではないか?」

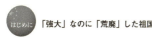

と疑問に思う人が増えている。

★　★　★

出版界には、「中国崩壊論」という書籍ジャンルがある。中国にはさまざまな問題がある、だから現行の中国の体制は、まもなく崩壊すると言い立てる論法だ。確かに日本の書店をのぞくと、大仰なタイトルがつけられた本が少なくない。

もっとも、「中国崩壊論」は日本だけのものではない。英語圏でも相当数の書籍が出版されている。代表的な1冊が、2001年に出たゴードン・チャン[1]の『The Coming Collapse of China』（邦訳は『やがて中国の崩壊がはじまる』草思社、2001年）だろう。政治の腐敗、瀕死の国有企業、労働者や農民による大規模な暴動の頻発、少数民族の独立運動などの問題を列挙し、**10年以内に中国共産党の統治は崩壊すると大胆に予測した衝撃の書**だ。

ゴードン・チャンが指摘した数々の問題は、確かに中国に存在する。だが、同書の出版から17年が過ぎた現在も、中国共産党は健在だ。いや、むしろ以前にも増して統治を盤石にしていると言っても過言ではない。

こうした状況が続くなか、「中国崩壊論」に対する疑いの眼が厳しくなったとしても不思議ではないだろう。日本で何冊もの本を出版してきた私にも、その矛先は向けられている。今回の出版も、日本人の知人から「なぜ、中国は今なお崩壊しないのか。その理由を教えてほしい」と言い募られてしまったのがきっかけだ。

★　★　★

中国崩壊論が横行する反面、現実は真逆で中国共産党が強大化していく……。

これでは不信感を抱くのも当然だ。**私自身、これまで中国共産党の腐敗、人権侵害、環境破壊などの問題について批判してきたが、だからといって中国の現行政治体制がすぐに崩壊するなどと言ったことはない**。

一方で、日本人読者の皆さんが今の状況、すなわち数々の問題点を抱えながらも、中国共産党はなぜ強大なのか、なぜ、より力を強めているのかということを知りたがっていることはよく理解できる。これは当然、私にとっても一番の関心事だ。

だが、この問題について分析することは、私にとっても容易な作業ではない。

なぜならば、**私が心から希求する中国の民主化という大目標が、そう簡単には実現しないという現実も認めなければならない**からだ。

「いやいや、中国には多くの社会問題がある」

「幾多の腐敗、無数の矛盾がある」

そうおっしゃる方もいるだろう。確かにそのとおりだ。日本のチャイナウォッチャーが指摘しているように、中国は多くの問題を抱えており、決して安定した社会とは言いがたい。これ自体はウソでもなければ、間違いでもないのだ。

あるいは、２０１７年10月24日に閉幕した中国共産党第19回党大会[2]（19大）後の権力変動によって、中国の統治体制は不安定化するとの分析もあるだろう。実際、**今回の党大会において習近平**《シージンピン》[3]**はほしいままに人事を行い、毛沢東**《マオツォートン》[4]**以来ともいえる強力な独裁体制を実現**したが、この一強体制に対する反発の動きが起きる可能性は否定できない。

さらに、**強大すぎる権力を手にした習近平が突如として「上からの改革」を断行して、中国の政治体制をがらりと変えてしまう可能性もゼロとは言えない**。今や、彼にはそれだけの力がある。大改革に着手しなければ不思議なほどの大きな力が、だ。

ただ、それほどの力があってもなお、中国共産党の支配体制を一朝一夕に変えることは難しい。さまざまな不満の火種があり政局が流動的だったとしても、中国社会が専制体制という形態で安定しているのにはそれなりの理由がある。アクシデントのひとつやふたつでは変わらないような構造的強さを持っているのだ。

★　★　★

「中国の体制転換にそこまで悲観的なのに、なぜあなたは、いまだに民主化運動にコミットし続けているのか」

そう疑問に思われる方もいるかもしれない。

1989年の天安門事件[5]当時、私は大学教員という立場から民主化運動に参加した。そして事件後、投獄されてアメリカへの亡命を余儀なくされる。だが、それから30年近くがたった**今も、中国の民主化に対する情熱は失っていない**。

私は中国の民主化が、いかに困難かをよく承知している。どれだけ絶望的な高い壁なのかをよく知っている。ゆえに本書は、中国共産党の狡猾な支配体制をひっくり返すことが、なぜこれほど困難なのかを説明する1冊となる。

それと同時に、**一時の幸せに安穏とし、民族の使命に殉じた者たちを嘲笑する、中国人の残念な民族性をも明らかにするものとなる**だろう。中国人として、中国によりよい未来をもたらすために闘い続けてきた私にとって、身内の恥をさらすかのような執筆作業は決して愉快なものではなかった。

だが、この辛い現実に真正面から向き合うことは、日本人読者の皆さんに真実を伝えるためだけでなく、私たち中国民主化運動の闘士にとっても必要な作業なのである。

はじめに注

P4▼1. ゴードン・チャン（Gordon G.Chang） 1951〜。アメリカのコラムニスト、ブロガー、弁護士。父は中国人で母はアメリカ人。同国を代表する中国崩壊論者のひとり。2001年以降、中国経済、共産党政府が崩壊すると言い続けている。

P6▼2. 党大会 5年に一度開かれる党の最高意思決定機関のこと。正式名称は中国共産党全国代表大会。「19大」のように、開催回数を頭につけた略称も用いられる。

3. 習近平（Xi Jinping） 1953〜。中華人民共和国の政治家、2012年より中国共産党第5世代の最高指導者。父は八大元老のひとり、習仲勲（元国務院副総理）。

4. 毛沢東（Mao Zedong） 1893〜1976。中国共産党の創立党員のひとりで、日中戦争を経て党内の指導権を獲得し、1945年より中央委員会主席、中央軍事委員会主席。日中戦争後の国共内戦で蔣介石率いる中華民国を台湾に追いやり、1949年、中華人民共和国を建国。以後、死去するまで同国の最高指導者。

P7▼5. 天安門事件 1989年4月の胡耀邦元総書記の死をきっかけに、北京の天安門広場に民主化を求める学生を中心とした一般市民が集結し、デモやハンガーストライキを実施。これに対し6月4日、中国共産党が武力弾圧し、多数の死傷者が出た大量虐殺事件。中国政府はこれを「反革命動乱」と呼び、今でも国内ではタブーとされている。

カネとスパイとジャッキー・チェン　目次

第1章

習近平は本当に「19大」で勝利を収めたのか？

――習家軍台頭、面従腹背、太子党消滅

第2章 人民はなぜ共産党を支持しているのか？
——功利主義、ノスタルジー、習近平変節

第3章

中国の民主化運動はなぜ失敗を繰り返すのか？

——ダライ・ラマ効果、ジャッキー・チェン、劉暁波殺害

第4章 海外の中国人はなぜ母国に声を上げないのか？
——離間の計、海亀派、郭文貴

第5章

〝崩壊しない中国〟は果たしてどこへ向かうのか？

――働きアリ企業、鉄飯碗、間違いだらけの新中国観

第1章

習近平は本当に「19大」で勝利を収めたのか？

――習家軍台頭、面従腹背、太子党消滅

★ 旧態依然のまま終わった5年ぶりの党大会

２０１７年10月18日から24日にかけて、中国共産党第19回党大会（19大）が開催された。5年に一度開催される党大会は、中国最高指導部の人事を決める場である。今回の党大会では、第2期習近平体制がどのような顔ぶれになるかに注目が集まった。新たなトップ、すなわち中国共産党中央政治局常務委員が習近平、李克強《リークーチャン》[1]、栗戦書《リージャンシュー》[2]、汪洋《ワンヤン》[3]、王滬寧《ワンフーニン》[4]、趙楽際《ジャオルージー》[5]、韓正《ハンジェン》[6]の7人という顔ぶれとなったのは、ご存じの方も多いだろう。

党大会を見た**私の率直な感想は、「何も新味がない」という一言**に尽きる。大会初日、中国共産党中央委員会を代表して習近平総書記が行った政治報告は、3万字超という史上最長のものとなり、２０５分間にわたって読み上げられた。２０１２年の18大で胡錦濤《フージンタオ》[7]前総書記が行った政治報告は１００分、今回は何とその倍だ。

そのなかでは、**「新時代」「新思想」「新戦略」といった言葉が何度も繰り返されたが、冗長な報告の99%は旧世代の遺物であり、本当の意味で新味があったのは1%未満だった**だろう。どれだけ「新」という字を乱発したとしても、「旧」態依然の内容は隠しきれない。

一方で、マラソン式の長時間の報告は出席した元老たちを苦しめた。ステージの上に座っていた数十人の元老たち、そして会場にいた2338人の代表たちのなかで、胡錦濤と胡春華《フーチュンホア》8がトイレに立っただけで、残る人々は一度も席を立つことはなかった。**江沢民《ジアンズーミン》9ら元老たちは、皆オムツをつけていた**と伝え聞く。

報告が読み上げられるなか、江沢民は9回にわたり腕時計を見た。明らかに退屈し、うんざりしている様子だった。ヒマそうにあたりをきょろきょろ見渡すなか、5回にわたり胡錦濤を見たが彼が見返すことはなく、両者の視線が交わることはついになかった。

その後、江沢民は目を閉じ、居眠りを始め、習近平言うところの「中国の夢」を味わったようだ。夢の世界へと去った江沢民を目にした胡錦濤は、明らかに嫌なものを見たような表情を浮かべていた。江沢民派の劉雲山《リウユンシャン》10も主席台の上で居眠り。すると両人に続いて、元老や党代表は続々と夢の世界へと入り始めた。

そんな冗長な報告において、「ふたつの100年」が強調されている。2021年の中国共産党建党100周年、2049年の中華人民共和国建国100周年という節目に向けた政策目標だったが、あまりにも長い報告は人々にある想像をさせるものとなった。

「これだけ長い報告ができる私は、健康状態に何ら問題はない。だから、長期政権を担うことができる」

「報告と同じく、私の政権も先代、先々代を超える長さとなるだろう」

「ふたつの100年の目標を達成するためには、毛沢東式の終身元首制度を復活せざるを得ない」

こうしたメッセージが込められていたのではないか、と。

★ 習近平の戦果は2勝2敗1分け

19大をめぐる舞台裏の激闘において、習近平は次の5つの目標を持っていた。

①自ら育て上げた「習家軍《シージャージュン》」[11]を上位に引き上げ、自らの権力をさらに強固にすること

②江沢民が定めた「七上八下《チーシャンバーシャー》」[12]を打破し、盟友たる王岐山《ワンチーシャン》[13]を常務委員に留任させること

③鄧小平《ダンシャオピン》[14]が創設した、元老による「隔代接班《グータイジエパン》」[15]の打破

（すなわち、元老政治を脱却し、自ら後継者を定める）

④総書記制度から党主席制度への回帰

（現在、習近平は総書記というトップではあるが、中国共産党中央政治局常務委員という最高指導部7人のうちのひとりという位置づけでもある。毛沢東と同様に常務委員を凌駕《りょうが》する権力を持つ党主席になることで、「紅い皇帝」を目指した）

⑤「習近平思想」を党章（規約）に盛り込み、毛沢東、鄧小平と並ぶ「習近平時代」を作ること

この5つの目標において、**習近平の戦果は2勝2敗1分け**に終わった。

まず2勝の内容だが、第一に「隔代接班」の打破、すなわち後継者の指名回避に成功した。団派[16]の胡春華、習派の陳敏爾《チェンミンアル》[17]のどちらも常務委員になることはできなかった。このふたりは60後（1960年代生まれ）だ。選ばれた常務委員7人は全員が50後（1950年代生まれ）、つまり60歳代によって占められている。**後継者が選ばれなかったことで、習近平は長期政権、あるいは終身元首への道を切り開いた**と言えよう。

もうひとつの勝利は人事だ。**政治局常務委員7人のバランスでは習派の優位は僅差だが、政治局委員25人を見ると、うち15人が「習家軍」と確固たる地盤を築いた。**

2敗の内容だが、第一に「七上八下」の慣例を破れず、王岐山が引退に追い込まれたことがひとつだ。結果、習近平は右腕を失ってしまった。

第二に党主席制への復帰に失敗してしまったことだ。大きな権力を手にしているとはいえ、「紅い皇帝」毛沢東、そして「紅い皇后」鄧小平には遠く及ばない。

一方、引き分けとは「習近平思想」だ。**党章には盛り込まれたが、「習近平思想」ある**

いは「習近平理論」という直截《ちょくせつ》的な表現ではなく、「習近平による新時代中国の特色ある社会主義思想」という長ったらしい表現になった。つまりは、〝折衷案〟だ。「習近平〝新〟時代」と、習近平と時代の間に「新」の一字が加えられたことは意味深だ。**江沢民派と団派の反対により、「習近平時代」という表現を通すことができなかった**のだ。江沢民、胡錦濤よりは上の権威を手にしたが、「毛沢東思想」「鄧小平理論」と比べれば明らかに劣っている。

そもそも、「中国の特色ある社会主義」という表現は趙紫陽《ジャオズーヤン》[18]時代、すなわち１９８７年の13大から提起されている。この表現が19大で再び引っ張り出され、新時代という言葉がつけ加えられた。古い酒を新しい革袋に入れ替えただけで、新味はまったくない。人事においても、また権力の面からみても、19大後に中国が習時代に突入することは間違いないが、それは新時代ではない。むしろ、**ある意味では旧時代への回帰**だ。

党章に盛り込まれた習近平思想だが、高官の多くは〝面従腹背〟というのが正しいところだろう。彼らの発言を詳細に検討すると、明らかな温度差が感じられる。

李克強首相は「思想的行動は、習近平同志を核心とする党中央と高度に一致しなければならない」と発言した。団派のボスである李克強だけに、党中央に重きを置くことで、刃向かいもしないがへつらいもしないという冷静な態度を保っている。

江沢民派の重鎮、劉雲山は「19大において、『習近平による新時代中国の特色ある社会主義思想』は、長期にわたり堅持すべき指導思想と定められた。党の指導思想は、再び時代とともに進化した」と発言し、やはり習近平ではなく党に重点を置いている。

一方、王岐山、栗戦書など「習家軍」は諸手を挙げて賛同。栗は「習近平総書記は核心としての役割を発揮し、中国の特色ある社会主義を新時代へと発展させ、習近平による新時代中国の特色ある社会主義思想を形成した」と発言し、習近平の領袖としての役割をアピールした。

他方、一時は常務委員入りも噂された習近平の側近、陳敏爾の次の発言は意味深だ。「習近平同志を核心とした党中央の権威と集中統一指導を断固堅持し、いついかなるときも習近平総書記の核心としての地位を守らなければならない。（中略）心から学び、理解し、信じ、活用することが必要だ」

この言葉は反習近平派に対する警告だろう。「面従腹背は許さない」という意味だが、わざわざこうした警告を口にする背景には、**習近平の権威に従わぬ者がいまだに少なくない**ことを示しているわけだ。

★新任常務委員の知られざる本性

新任の常務委員5人のうち、最も注意するべきは趙楽際と王滬寧だろう。このふたりに触れる前に、まずは他の3人について説明しよう。

汪洋は団派に属する。**中共上層部において唯一の開明派、改革派**だ。江沢民と李鵬《リーパン》[19]というふたりの元老にうとまれ、18大では常務委員入りを阻まれた。この5年は政治局委員、副首相として活動してきたが、ずば抜けた才能から習近平にも嫉妬され警戒されている。19大においては各派閥の争いの結果、条件を満たしていた汪洋はついに常務委員入りを果たしたが、全国政治協商会議[20]主席という閑職に回されるだろう。常務委員7人のなかで最も実権のない地位だ。

ただし党が政治改革に取り組むならば、大きな役割を果たすことになるだろう。民主化を進めれば、両会（全国人民代表大会[21]と全国政治協商会議の総称）は自ずと〝議会〟の役割を果たすことになるからだ。逆に政治改革が行われなければ、汪洋は閑職に甘んじたままで終わるだろうが……。

栗戦書は習近平の側近中の側近だ。習は王岐山の後継者として、栗が中央紀律検査委員会書記[22]の座につくことを望んでいた。しかし、江沢民派と団派の反対により、この計画は頓挫してしまう。第1期習近平政権の5年間、反汚職運動の名を借りて、習近平に不都合な人物が次々と摘発された。ここから江沢民派[23]と団派は、まさしく教訓を得たというわけだ。

結局、栗戦書は全国人民代表大会（全人代）委員長というポジションを得るとみられる。これは習近平、李克強に続く序列3位の地位ではあるが、香港・マカオの管轄以外に大きな役割はない。全人代も全国政治協商会議も権力者の決定を追認するだけ、中共の「ゴム判」と揶揄されている。実質的には、審議機関としての役割を果たしていない。要するに閑職に回されたとみるべきだろう。

ただし、**汪洋と同様に政治改革があれば大いに出番がある**わけだが、そもそも栗戦書の政治的思想はどのようなものだろうか。開明派として姿勢を明確にしている汪洋とは異なり、栗戦書の政治思想については知られてはいない。唯一明らかな事実は、習近平の忠実な部下だということだけだ。習が改革を主導すれば改革派となり、反対すれば保守派に転じるだろう。

韓正は江沢民派に属する。ただ正確に言うならば、〝準〟江沢民派だ。派閥に属しているとはいえ、江沢民に強い忠誠を誓っているわけではない。江沢民、胡錦濤、習近平とトップが変わるたびに、韓正は積極的に支持を表明してきた。つまり、どの派閥からもウケがいい人物なのだ。役職としては第一副首相を担当し、李克強をサポートして経済問題に取り組むことになる。いわば**〝きつい汚れ仕事〟の担当であり、ハイクラスの「出稼ぎ労働者」として汗をかく役割**だ。実権はなく、政局に影響を与えることはない。

一方、残るふたり、**王滬寧と趙楽際こそ新たな常務委員のなかで鍵を握る人物**だ。

王滬寧は江沢民派に属するが、韓正同様に〝準〟江沢民派だ。江沢民、胡錦濤、習近平と3代の総書記に仕えており、どの派閥とも関係は良好だ。高い学識で知られ、江沢民から「党内最良の理論家だ」と讃えられたことでも知られる。江沢民のために「3つの代表」理論をこしらえ、胡錦濤のために「科学的発展論」を作り上げ、そして今度は習近平のために「習近平による新時代中国の特色ある社会主義思想」を書き上げた。**「3代に仕えた御用学者」「中南海の首席ブレーン」**と呼ばれる所以《ゆえん》である。

秀才の理論家が常務委員にまで登り詰めるのは異例だ。文化大革命[24]以後では初の事例である。ただ文化大革命時代に、陳伯達《チェンボーダー》[25]という理論家が毛沢東に気に入られて昇格した事例があるが、その末路は悲惨だった。林彪《リンピャオ》[26]に従った反革命分子として最後は投獄されたのだ。陳もかつて、毛沢東に「党内最良の理論家」として讃えられていた。これは、なにやら不吉な符合に思える。

王滬寧は序列5位の中央書記処書記であり、イデオロギー・プロパガンダ関連の部局を統括する地位にある。これは、きわめて重要なポジションだ。全国のテレビ局、ラジオ局、新聞社、ネットメディア、出版社、教科書出版社など、世論に関連するすべてを統括するという巨大な権力を持つ。きわめて興味深いのは過去20年あまり、この地位は丁関根《ディングァングン》[27]、曽慶紅《ツァンチンホン》[28]、李長春《リーチャンチュン》[29]、劉雲山といずれも江沢民派によって占められてきたという点だ。

最後に、**趙楽際は「習家軍」だ。いや、正しくは「〝半〟習家軍」**か。趙は陝西《せんせい》省、すなわち習近平の生まれ故郷の出身だ。また父親世代の縁もあると伝えられる。その伝によると、趙寿山《ジャオシュウシャン》[30]という人物がいる。彼は習近平の父、習仲勲《シージョンシュン》[31]の戦友であり、中共の高級幹部だった。趙寿山は、趙楽際の祖父の兄弟だと噂されている。

第1期習近平政権において、趙楽際は政治局委員、中央組織部部長という役割を担ってきた。人事関連の部局を統括する身として、習近平と王岐山の反汚職運動に積極的に協力してきたのである。

ただし王岐山とは異なり、習近平と同じ地方や部局で働いた経験はなく、個人的な友好関係はない。盟友とは言いがたいだろう。ゆえに「〝半〟習家軍」というのが、正確な評価ではなかろうか。江沢民派と団派が、栗戦書の中央紀律検査委員会書記就任に反対したため、棚ぼた的に中央紀律検査委員会書記という重要な職務を担うこととなった。

序列では第6位だが、中央紀律検査委員会書記は巨大な権力を持つ。党員を摘発する立場にあるからだ。たとえ高官であっても、中央紀律検査委員会の前では危機にさらされる。趙楽際は前任者の王岐山のような知恵や才能、胆力は持っていない。地味で凡庸な人物だ。この趙が中央紀律検査委員会書記を務めることによって、反汚職運動の威力は減少し、汚職官僚たちは枕を高くして寝られるようになるのではないか。

19大は過去の党大会と何が違ったのか？

振り返ってみると、19大は文化大革命後では最も緊張感あふれる党大会であった。その理由を3つ挙げてみよう。

①**開幕当日、CCTV（中国中央電視台）の中継以外は一切の生放送が許されなかった。携帯電話の自撮り棒ですら持ち込みが禁止**されている。

②**閉会式は、CCTVを含めすべてのメディアの中継が禁じられた。**天安門及び人民大会堂（議場）の撮影のみが許された。閉会後に映像が提供されたが、代表たちが手を挙げて同意する画面だけが編集された内容であった。

③**閉会後、政治局常務委員7人が記者会見に臨んだが、ニューヨークタイムズ、BBC、ガーディアン、フィナンシャルタイムズ、エコノミスト、そして産経新聞が参加を許されなかった。**また記者会見は異例の短さであった。習近平が常務委員の名前を読み上げると、各常務委員はお辞儀をして挨拶した。その後は**直立不動の姿勢をとるばかりで、まるでロボットか、あるいは裁判にかけられた容疑者のよう**だった。習近平は20分間、原稿を読み上げたかと思うと、すぐに会見終了を告げた。質問は一切受けつけられなかった。

19大メディアセンターの報道官は、庹震《トウジエン》[32]という人物が務めた。もともと広東省の宣伝部長だった人物で、2013年に行った開明派の新聞『南方週末』に対する弾圧で知られている。

南方週末は毎年正月に、新年の社説を載せる。改革について言及したい論説委員と、穏当な内容に抑えたい検閲当局が丁々発止のやりとりを繰り広げた末に、ようやく最終的な文面が決定するのが恒例だ。ところが、庹は最終決定したはずの文面を、習近平の中国の夢を讃える内容に勝手に差し替えたのだ。

南方週末の記者たちは怒り、また多くの民主活動家が南方週末本社前に集まって支援の声を上げた。庹の差し替えた記事は、その内容もさることながら、引用を間違え誤字も多いというひどい代物で笑いものになったが、中国共産党からは高く評価されていたようだ。だから今回、異例の出世を遂げたのである。

そんな人間が取り仕切るのだから、19大メディアセンターがまともに機能するはずもない。外国人記者の質問を、のらりくらりと逃げて交わすだけのむなしい場となった。メディアセンターは、中国語で「新聞発布中心《シンウェンファーブージョンシン》」[33]と書く。だが今回は「新聞不発布中心」、すなわちニュースを出さない場所ではないかと揶揄された。あるいは「ニセ新聞発布中心」、つまり「フェイクニュースセンター」ではないか、と。

★果たして「紅い皇帝」は誕生したのか

常務委員による集団領導制から、習近平ただひとりの「紅い皇帝」をトップとした政治体制に転換するかどうか。つまるところ、19大後における最大の焦点はここにある。習近平とそのライバルたちにとって、きわめて重要な問題だ。だが一般市民にとっては、独裁者が常務委員7人なのか、それとも習近平ただひとりなのかは大した問題ではない。

もともと**文化大革命の終息は、毛沢東による終身独裁制の終焉**を意味していた。それから40年が過ぎた今、**習近平による終身独裁制の復活が噂される状況を迎えようとは悪い冗談**としか言いようがない。改革開放政策による重要な成果は、水の泡となりつつある。文化大革命終結後、中共の政治は右と左の間を揺れ続けてきたが、今や「極左」、すなわち毛沢東時代への回帰というバックラッシュを迎えつつある。政治改革と民主化のチャンスを逃せば、中国にとって大きな損失なのは言うまでもないのだが。

中国は独裁政権下における高度成長時代を経験したが、その結果、官僚の腐敗を招いた。だが、これは当然と言えよう。**民主主義による監督を受けない官僚たちにとって、高度成長という巨大な果実を目にし、貪欲な心が生まれるのも無理からぬところ**だ。

しかも、一度でもその甘い果実を味わえば、もはやその誘惑から逃れることはできない。その結果、官僚たちの堕落は続き、政治改革は永遠に封印されることとなった。

民主化を拒絶したがゆえの腐敗……。つまり、本来は民主化こそが汚職に対する特効薬なのだ。だが、習近平のとった行動は真逆だった。汚職は党の存亡にかかわると認識しながらも、党を救うためには権力集中、独裁が必要だと強権政治にひた走っているのだ。独裁の強化はさらなる汚職を生むばかりにもかかわらず……。

これは、まさに悪循環だ。**中国人にとって、民主化とは望んでも得られぬ、まさに〝高嶺の花〟と化してしまった。**

だが衣食に満足した中国市民は、将来を、必ずや〝民主〟という精神的な要求に目覚めるだろう。そのとき、中共の一党独裁体制は大きな試練に直面するのだ。

★海外の民主化運動家は19大をどう評価しているのか

一方、海外の中国民主化運動家（民運人士）たちは、今回の19大をどのように評価しているのか。一般的な評価は「失望」だろう。19大初日に習近平が行った3万字超もの冗長な報告は、ほとんどが新味のない内容であったし、最終的に発表された政治局常務委員も、派閥バランス型という従来どおりの人事だ。

そもそも19大前に、習近平陣営は大きな変化があると喧伝していたこともあり、一部の民運人士は期待を抱いていた。ところが、出てきたのは何も変わらぬ姿であったどころか、今後は独裁体制が強化されると予見できる内容だった。保守派の権化ともいえる虜震がメディアセンター報道官を務めたことに象徴的だが、中共は今後さらなる左傾化、保守化へとひたはしることになるだろう。民運人士の多くは「中国に必要なのは漸進的な改革ではなく、すべてをひっくり返すような革命だ」と現行体制への失望を深めている。

巨大な権力を手にした習近平が国内外知識人の期待を無視し、ひたすら独裁者の道をひた走ったとしよう。そのとき、知識人と習近平の間には決定的な亀裂が走る。党内の反対派は権力と既得権益を失ったがゆえに習近平に不満を抱き、民主主義を求める党外の反対勢力は専制と独裁に対する反感によって立ち上がるかもしれない。

「すばらしい未来」へのニーズと不十分な発展

国内的には独裁、対外的には威嚇。これは、今後5年の習近平政権の基本姿勢となりそうだ。習近平が提唱する「偉大なる復興」「中国の夢」「世界強国」、これらはいずれも「集中領導制」、すなわち集権体制、全体主義を基盤としている。また「強国」「核心的利益」という言葉も使うが、これは対外拡張を前提とした言葉だ。

単純に政治的観点から見ると、中共指導部は「シンガポールモデル」へのさらなる接近を目指していることは明白だ。シンガポールのような権威主義体制は、鄧小平が憧れ、江沢民と胡錦濤が将来の方向性を示唆してきた道である。そして習近平は、実際にそこへ向かおうとしている。

そのシンガポールモデルとは何か。

すなわち**政権政党に有利な法律をデザインし、政権を肥大化させ、長期政権を担い、政**

治的独裁と経済的繁栄の両立を目指すモデルだ。習近平の反汚職運動は権力闘争という側面が主ではあるが、そのうえで、シンガポール的な一党独裁の政権下における清廉な政府を目指す狙いもある。

19大閉会後、常務委員7人は上海に飛んだ。中国共産党第1回党大会が開催された歴史的な地を訪問し、「初心を忘れず」と誓ったのだ。また7人は、入党の際に行う「永遠に党に背かない」との宣誓を改めて行った。

だが皮肉なことに、今の中国共産党は完全に〝初心〟を忘れている。中国共産党の創始者である陳独秀《チェンドゥーシュー》は[34]**「民権主義」「自主的であれ、非奴隷的であれ」「国際的であれ、鎖国してはならぬ」**と唱えている。陳独秀は第1回から第5回党大会まで中国共産党の最高指導者だった人物だ。のちにソ連から総書記を解任され、中国共産党からも除名された。今では「反逆者」という位置づけだ。そして陳独秀が去った後は、中国共産党は事実上毛沢東がリーダーとなり、〝匪賊《ひぞく》〟さながらの暴力路線を突き進むこととなる。

無論、当然のことながら、陳独秀が中共を裏切ったのではなく、中共が陳独秀を裏切った、これが歴史の真相だ。「初心を忘れず」と言うのであれば、陳独秀の道を再び歩むべきだと思うのだが……。

周知のとおり、現実は陳独秀の思想とは真逆に進んでいる。習近平が唱える初心にも、陳独秀の思想はかけらもない。習の報告、さらには19大を取り巻くムードを見るに、中国民主化への希望は大きく失われ、絶望感が増したのは事実だ。

ただし、習近平の報告すべてが絶望的だったわけではない。たとえば社会の主要な矛盾について、従来は「人民の日増しに高まる物質的需要と立ち遅れた生産力との矛盾」と表現されていたが、今回は**「人民の日増しに高まるすばらしい生活に対するニーズと、不均衡かつ不十分な発展との間の矛盾」**に変えられた。3万字を超える報告のなかで唯一新しい内容だ。中立的な言葉を使っていることをみても、今後の政治的方向性を臨機応変に調整する余地を残したといえる。

すなわち、「人民の日増しに高まる物質的需要と立ち遅れた生産力との矛盾」という表現は、経済、物質、金銭という範囲に限定した言葉だ。一方、「人民の日増しに高まるすばらしい生活に対するニーズと、不均衡かつ不十分な発展との間の矛盾」という表現は、さまざまな理解が可能となる。

「すばらしい生活」という表現は人によってそれぞれの理解、ニーズを生む。より多くの物質、金銭を求める人もいるだろうし、**もっと文明的な生活を求めている人もいるだろう**。そして**民主主義と自由の実現こそが、「すばらしい生活」だと考える人もいるはず**だ。

「不均衡かつ不十分な発展」も同様だ。経済格差、階級差別を問題だとみることもできるし、経済ばかりが発展し政治の発展がないことを、「不均衡」「不十分」だと考える人もいるだろう。

もし習近平が政治改革を推進しようとするならば、この「人民の日増しに高まるすばらしい生活に対するニーズと、不均衡かつ不十分な発展との間の矛盾」という言葉を使って党内を説得することになろう。

実際、**経済の再建を成し遂げて台頭してきた中国にあって、最大の矛盾とは日増しに高まる民主的権利に対するニーズと一党専制の制度との矛盾**だ。中共指導部は、このことを認めることはなく、まるでダチョウのように砂漠に頭を突っ込んでいる。現実を直視せず、自分で自分を騙しているというわけだ。

★19大でなぜ「太子党」が消えたのか？

一方で、少し細かい話になるが、中国の政局という意味では19大ではきわめて興味深い現象が起きている。すでに触れたが、19大の人事では「習家軍」が上位を占める一方、団派が排除され、江沢民派が大打撃を負ったことが注目された。

だが、もうひとつの派閥が雲散霧消したことは、あまり興味を引いていない。17大、18

大では人事で上位を占めた「太子党[35]」、つまり中共の元老、功臣の子弟たちのグループだ。

2007年に開かれた17大では習近平（開国の元老・習仲勲の息子）、薄熙来《ボーシーライ》[36]（開国の元老・薄一波《ボーイーボー》[37]の息子）を筆頭に、「太子党」が多くの高官ポストを占めた。

その5年後の18大では、「太子党」は中共最高指導部である政治局常務委員にまで進出してきた。習近平、王岐山（元老・姚依林《ヤオイーリン》[38]の娘婿）、兪正声《ユージョンシェン》[39]（開国の高官にして毛沢東夫人・江青《ジャンチン》[40]と一時同棲していた黄敬《ホワンジン》[41]の息子）と、7人中3人を占めたのだ。また、軍の最高意思決定機関である中央軍事委員会では11人中4人が太子党となった。すなわち習近平、張又俠《ジャンヨウシャー》[42]（開国の高官・張宗遜《ジャンゾンシュン》[43]の息子、総装備部長を担当）、呉勝利《ウーシェンリー》[44]（呉憲《ウーシエン》[45]元浙江省委書記の子、海軍司令員を担当）、馬暁天《マーシャオティエン》[46]（父は元解放軍大佐、義父は元解放軍中将。空軍司令員を担当）だ。

さらに、中央軍事委員会以外にも多くの太子党出身の将軍がいた。要するに、陸海空の兵権は太子党が掌握していたのだ。**17大、18大の10年間は、太子党は江沢民派、団派と「天下三分」を成し遂げていた**といっても過言ではない。

ところが19大後には、太子党はもはや習近平と張又俠のふたりしか残っていない。張は唯一、習近平の信頼を得た太子党であり、軍事委員会副主席、政治局委員の要職を得た。それというのも張の父、張宗遜と習の父、習仲勲が戦友であり、深い友情で結ばれていたからにほかならない。こうして、息子たちも友となったのだ。

張は温厚篤実で、政治的野心を持たない人となりで知られる。そのため、習近平は張を深く信頼しているようだ。噂だが、2015年に中央警衛局によるクーデター未遂事件が発生した際、張が鎮圧したという。張ならば信頼できると習近平は見込んだ。その期待に応え、張は軍を率いて中国政治の中枢、中南海へと馳せ参じたのである。

それにしても、なぜ太子党は消えてしまったのか。江沢民派や団派との抗争に敗れたわけではない。もともと**太子党のひとりである習近平が、自ら瓦解させた**のだ。太子党の解体は3つの段階を踏んでいた。

第一に2012年、薄熙来重慶市委書記（当時）を失脚させたことから始まった。薄の腹心である王立軍《ワンリージュン》[47]がアメリカ領事館に逃亡するという事件を奇貨《きか》とし、胡錦濤、温家宝《ウェンジャーバオ》[48]と手を組んで薄熙来を倒したのだ。太子党において、薄こそが習近平のライバルと目されていた人物であった。

この事件は太子党の分裂のさきがけであり、同時に権力闘争の構図が一変した転換点でもあった。**従来は習近平と江沢民が手を組み胡錦濤と対立していたのが、これ以後は習近平と胡錦濤が同盟を結び、江沢民と対立するようになった**のである。

第二のステップは18大後だ。**総書記に就任した習近平は人事異動や軍制改革を口実に太子党、とりわけ軍部の人物を次々と昇進に見せかけた窓際ポストへの異動、解任、ときに**

は引退に追い込むなどして、ひとりずつ消していった。劉源《リウユエン》[49]、劉暁江《リウシャオジャン》[50]、劉亜洲《リウヤージョウ》[51]、呉勝利、馬暁天、張海陽《ジャンハイヤン》[52]ら太子党の上将（大将に相当）は、こうして亡き者となった。

「酒を交わして兵権を除く」という言葉がある。その語源となった宋の開祖、趙匡胤《ちょうきょういん》[53]のエピソードを紹介しよう。

皇帝になった趙だが、節度使と呼ばれる兵権を持つ部下たちを警戒していた。そこで一計を案じた。ある日、節度使たちを招いて酒宴を開く。宴もたけなわになった頃、趙は「皇帝になっても一時も心の休まるときはない。誰だって皇帝になりたいだろうから」と嘆いた。

節度使たちは「逆心を持つ者などおりません」となだめるが、「お前たちにその心はなくとも、お前たちの部下は栄華を望むかもしれない。私がそうであったように、部下に推挙されては拒みきれないだろう」と言い募る。節度使たちは平伏し「なるほど、では我々はどうすればいいでしょうか」と趙に教えを請うた。

「人生ははかないもの。人が栄達を求めるのは自らが栄華を楽しみ、子孫にもひもじい思いをさせたくないからだ。ならば、十分な褒賞を与えるから節度使をやめてはどうか。気苦労の多い仕事を捨て人生を楽しむがいい」と趙。果たして節度使たちは自ら職を辞し、趙は労せずして兵権を掌握したという。

習近平は、この「酒を交わして兵権を除く」を実行したのだ。

そして、第三のステップが19大の直前だ。太子党は、ほぼすべて党大会代表に落選した。毛沢東の孫の毛新宇《マオシンユー》[54]、朱徳《ジューダー》[55]の孫・朱和平《ジューホーピン》[56]、胡耀邦《フーヤオバン》[57]の息子・胡徳平《フーダーピン》[58]、さらに劉源、劉暁江、劉亜洲、呉勝利、馬暁天、張海陽といった顔ぶれだ。

習近平は太子党を党大会から排除し、権力の外に追い出した。**自らにとって本当の脅威になるのは江沢民派や団派ではなく、太子党であることを習近平は熟知していた。**彼らもまた、習近平と同じく革命の血統とＤＮＡを有している。

反習近平勢力が旗頭を選ぶのならば、彼らのうちの誰かが最有力候補となるだろう。**血縁者を恐れるのは封建王朝の伝統**だ。「紅い帝国」と言われるだけあり、中国共産党の体質も本質的には王朝と大差はない。

中国封建王朝の古訓に「臥榻之側、豈容他人鼾睡」（臥榻《がとう》の側《かたわら》、他人の鼾睡《かんすい》を容《い》れず）、つまり「寝所の隣で他人がいびきをかいて寝ているのをどうして許せようか」という言葉がある。これも宋の開祖趙匡胤の言葉だ。南唐を滅ぼすとき、趙は「南唐の罪とは何か。天下は必ずや統一しなければならない。我が寝所の隣で他人がいびきをかくことを許しておけようか」と、戦争の理由を説明した。相手に敵意があるからではなく、存在そのものが脅威だから潰さなければならない。この古代の帝王学を習近平はよく知っていた。

独裁政権を実現するためには、他の太子党を権力から遠ざけなければならない。こうして習近平は自らの手で太子党を葬り去ったのだ。中国共産党の歴史において長きにわたり派閥として影響力を持ってきた太子党は、歴史の舞台から姿を消した。

その代わりに登場したのが「習家軍」だ。太子党の代わりに江沢民派、団派と「天下三分」を実現したのだ。しかも弱体化する相手を尻目に、習家軍は権勢を増している。

★〝選択的〟反腐敗運動の行く末

19大において、これまで以上の集権を目指した習近平の野望は、ほぼ実現したと言っていい。前述のとおり、政治局委員25人のうち、習家軍は15人に達した。**習近平はすでに軍と武装警察に腹心を送り込み、人心を掌握**しているが、**この2年間で地方のトップにも習家軍を送り込むことにも成功**している。**北京、上海、天津、重慶の四大直轄市**[59]**を筆頭に省・市の大半で習家軍がトップを務めている**のだ。

総書記を務めて5年の習近平は、キャリア、年齢、業績のいずれにおいても、これほどの権力集中を実現する条件を、いまだクリアしていない。異例の事態だが、それでも実際に習近平はやり遂げた。その秘密はどこにあるのか。答えは「腐敗」だ。中国共産党は全体が腐っている。腐敗していない官僚など、どこにもいない。

20年前、私はある体制内の人物に接触した。彼によると、当時の江沢民総書記は、秘密裡にすべての高官を調査するように命じた。もし江の命令に従わなければ、反汚職を理由に罪に問うことができるからだ。ところが、汚職の証拠をつかめたのは、北京市委書記の陳希同《チェンシートン》[60]ただひとりだけだった。

陳はただちに罪に問われたが、江沢民には胆力がなく、反汚職運動を続ける決意がなかった。むしろ**汚職を認め、腐敗を〝凝固剤〟として共産党は団結していった**のである。「黙って儲けろ」とは江沢民の言葉だが、よく言ったものだ。

では、江の後継者の胡錦濤はどうか。彼は実権を持たない〝傀儡総書記〟にすぎない。江沢民以上に反汚職運動を行う胆力も決意もなかった。事実、**任期内に失脚した高官は上海市委書記の陳良宇《チェンリャンユー》[61]だけ**だ。陳の摘発を見せしめとしただけで、その後は汚職官僚の摘発をとりやめた。胡錦濤は「苦しめない」との言葉を残している。温情のようだが、やはり江沢民と同じく、腐敗を許して党内を固めるのが真の狙いだ。

ところが習近平は、まったく違う道を選んだ。すべての高官の汚職に関する証拠を集めたばかりか、その証拠を使って次々と官僚を罪に問うていったのだ。

失脚したのは、いずれも習に逆らった者たちだ。たとえば、王珉《ワンミン》[62]遼寧省委書記が摘発されたのは、単に習に従わなかったためだ。天津市長の黄興国《ホワンシングゥオ》[63]の摘発も、習に忠誠を誓わなかったからだ。

周本順《ジョウベンシュン》[64]河北省委書記の摘発はどうか。やはり、習に反対したのがその理由だ（クーデターを企図したとの伝聞もある）。政治局委員の孫政才《スンジョンツァイ》[65]、そして王建平《ワンジエンピン》[66]、房峰輝《ファンフォンフイ》[67]、張陽《ジャンヤン》[68]、杜《ドゥー》恒岩《ハンイエン》[69]といった面々の摘発は、「党の権力を簒奪《さんだつ》しようとする陰謀」、すなわちクーデターを企てていたためとされた。

これらの官僚は、表向きにはすべて「反汚職運動」の名の下に摘発された。例外はない。だが、反汚職運動の真の狙いは習近平に従わぬ者を排除することにある。**自らの意に沿わぬ者だけを罪に問う恣意的な〝選択的反汚職運動〟で、習近平は権力を固めていった**のである。

第1章 注

P18▼1. 李克強（Li Keqiang） 1955〜。第7代国務院総理（首相）、第17〜19期中国共産党中央政治局常務委員。党内序列は習近平に次ぐ第2位。中国共産主義青年団（共青団）出身。中国共産党第5世代の指導者のひとりである。

2. 栗戦書（Li Zhanshu） 1950〜。河北師範大学夜間大学政教系卒。第18、19期中国共産党中央政治局委員、中央書記処書記、中央弁公庁主任。中央保密委員会主任、中央国家安全委員会弁公室主任。

3. 汪洋（Wang Yang） 1955〜。中国科学技術大学工学修士。中国共産党第19期中央政治局常務委員、第18期中央政治局委員、国務院副総理（副首相）。上海市長、海峡両岸関係協会会長などを務めた汪道涵は伯父に当たる。

4. 王滬寧（Wang Huning） 1955〜。上海復旦大学国際政治系法学修士。第18、19期中国共産党中央政治局委員、第19期中央政治局常務委員、中央書記処書記、中央精神文明建設指導委員会主任、中央政策研究室主任。江沢民、胡錦濤、習近平政権を理論面で支えたことから「三朝帝師」「中南海首席智嚢」（中南海随一の知恵袋）の異名を持つ。

5. 趙楽際（Zhao Leji） 1957〜。北京大学卒。中国共産党第19期中央政治局常務委員、中央規律検査委員会書記、元中央組織部部長。

6. 韓正（Han Zheng） 1954〜。華東師範大学経済学修士。中国共産党中央政治局委員、上海市党委書記。第16〜19期中央委員、第18期中央政治局委員、第19期中央政治局委員。

7. 胡錦濤（Hu Jintao） 1942〜。江沢民引退後の中国の最高指導者で、第4代総書記、第5代中央軍事委員会主席、第6代国家主席、第3代中央軍事委員会主席を務めた。

P19▼8. 胡春華（Hu Chunhua） 1963〜。北京大学卒。中国共産党中央政治局委員、広東省委書記、中国共産主義青年団（共青団）中央書記処第一書記在任中。

9. 江沢民（Jiang Zemin） 1926〜。上海市委書記を経て89年に第3代総書記、第4代中央軍事委員会主席に就任。93年、第5代国家主席に就任した。鄧小平の死後は中国政界を牛耳るキングメーカーとして君臨している。

10. 劉雲山（Liu Yunshan）　1947～。第18期中国共産党中央政治局常務委員（序列第5位）、中央書記処常務書記、中央精神文明建設指導委員会主任、中央党校校長。

P20▼
11. 習家軍　習近平の支持者とその側近を指す。

12. 七上八下　上は「上がる」、下は「退かせる」という意味。中国共産党指導部の暗黙のルールで、党大会時点で67歳以下ならば続投でき、68歳以上は引退する慣習。

13. 王岐山（Wang Qishan）　1948～。西北大学卒。第18期中国共産党中央政治局常務委員、中国共産党中央規律検査委員会書記を歴任。太子党で、習近平の盟友といわれ、妻は姚依林元国務院常務副総理（第一副首相）の娘、姚明珊。

14. 鄧小平（Deng Xiaoping）　1904～1997。毛沢東の死後、第2世代の最高指導者となる。毛沢東時代に疲弊した国家再建に取り組み、「改革開放」政策を推進して「社会主義市場経済」の導入を図るなど、中国近代化の礎を築いた。

15. 隔代接班　次世代のトップは現任総書記が任命するのではなく、先代のトップを含む元老が定めるという慣習。鄧小平が江沢民の次期トップである胡錦濤を指名したことから慣例化した。

P21▼
16. 団派　中国共産党指導の下、14～28歳の若手エリート団員を擁する青年組織「中国共産主義青年団」の出身者によって作られた政治勢力のこと。胡錦濤はその代表のひとりである。

17. 陳敏爾（Chen Miner）　1960～。中央党校院卒。重慶市党委書記。貴州省党委書記、同省人民代表常務委員会主任などを歴任。第18、19期中央政治局委員。

P22▼
18. 趙紫陽（Zhao Ziyang）　1919～2005。武昌高等学校卒。「第2世代」の政治指導者として国家副主席、国務院総理（首相）、総書記などを歴任。1989年の天安門事件で失脚し、2005年に死去するまで軟禁生活を余儀なくされた。

P24▼19. 李鵬（Li Peng）　1928〜。周恩来の養子。国務院総理、全国人民代表大会常務委員長などを歴任。養父母である周恩来と鄧穎超夫妻を後ろ盾としてトップまで登り詰めた二世政治家である。

20. 全国政治協商会議　中国共産党、各民主党派（計8つ）、各団体、各界の代表で構成される全国統一戦線組織。全国委員会のほかに、地方の省、直轄市など各行政レベルにも設置されている。

21. 全国人民代表大会　中国唯一の立法機関で一院制の議会。憲法で定められた国家権力の最高機関である。

22. 中央紀律検査委員会　中国共産党の一部局、各行政レベルに下部組織を持つ。党員の不正、汚職、規律犯を取り締まる。略称は中紀委。

P25▼23. 江沢民派　江沢民が総書記在任中、上海市長・党委書記時代の部下を次々と中央に引き上げて枢要な地位につけ形成した派閥。

P26▼24. 文化大革命　中国で1966年から1976年まで続いた社会的騒乱。実際は国家主席の地位を劉少奇に譲った毛沢東が自身の復権を画策し、青少年を扇動して政敵を攻撃させ、失脚に追い込むための中国共産党の権力闘争であった。

25. 陳伯達（Chen Boda）　1904〜1989。上海労働大学卒業後、モスクワに留学し、同地の中国共産党支部に入党。抗日戦争直前、新啓蒙運動を提唱、文化思想運動の指導的地位につく。中華人民共和国成立後、中央政治局常務委員、中国科学院副院長などを歴任。81年1月、文化大革命後の「林彪・江青反革命集団」裁判で懲役18年の判決を受けた。

26. 林彪（Lin Biao）　1907〜1971。開国元帥、国務院常務副総理（第一副首相）、国防部長（国防大臣）、中央委員会副主席、中央軍事委員会第一副主席などを歴任。文化大革命中、毛沢東の後継者に指名されるが、政治闘争に敗れてソ連に亡命する途中、モンゴル人民共和国において搭乗機が墜落し、死亡した。

P27▼27. 丁関根（Ding Guangen）　1929〜2012。第14、15期中央政治局委員。江沢民時代は共産党中央宣伝部長を務めた。

28. 曽慶紅（Zeng Qinghong） １９３９〜。国家副主席、第16期中央政治局常務委員。第16期における党内序列は第5位。中国共産党の指導者世代では「第4世代」にあたるが、「第3世代」の最高指導者を務めた江沢民総書記から大きな信頼を得ていた。

29. 李長春（Li Changchun） １９４４〜。第16、17期中央政治局常務委員。元中央精神文明建設指導委員会主任として思想を監視。第17期における党内序列は第5位だった。

30. 趙寿山（Zhao Shoushan） １８９４〜１９６５。陸軍学校卒。日中戦争時、蒋介石に抗日戦争参戦書簡を送り、蒋介石に「抗日戦争の第一の功労者」と称賛される。中華人民共和国の陝西省政府主席・省長、全人大常務委員、国防委員会委員など歴任した。

31. 習仲勲（Xi Zhongxun） １９１３〜２００２。八大元老のひとりで習近平の父。文革前の１９５３年に副首相になるも62年に失脚。以後16年間身柄を拘束されたのち78年に復活。鄧小平による胡耀邦更迭にただひとり反対した。

P29▼32. 庹震（Tuo Zhen） １９５９〜。武漢大学卒。新華社副社長などを歴任した後、２０１２年5月から広東省委常務委員・宣伝部長に就任。２０１５年7月、中央宣伝部副部長を務め、第19期中央委員会候補委員となった。

P30▼33. 新聞発布中心 中国語でメディアセンターの意。19大では中国に敵対的な報道姿勢の海外メディアが締め出される一方で、習近平の本が配られるなど、プロパガンダ色が強く打ち出された。

P34▼34. 陳独秀（Chen Duxiu） １８７９〜１９４２。安徽省出身。１９１５年上海で雑誌『青年雑誌』（のち『新青年』と改題）を創刊し、「新文化運動」を展開。21年、中国共産党を創立し、初代総書記に就任。のち批判され除名される。

P36▼35. 太子党 中国共産党の高級幹部の子弟によって構成された派閥の一種。世襲的に受け継いだ特権と人脈を基盤に、中国の政財界や社交界に大きな影響力を持つ。習近平や王岐山など。

P37▼36. 薄熙来（Bo Xilai） １９４９〜。国務院副総理などを務めた薄一波を父に持ち、太子党に属する。保守派の旗手として第17期中央政治局委員兼重慶市党委員会書記を務めたが、汚職・スキャンダルの摘発により失脚し、無期懲役の判決を言い渡された。

37．薄一波（Bo Yibo） １９０８～２００７。国務院副総理、中央顧問委員会副主任などを歴任。中共八大元老のひとりとされている。

38．姚依林（Yao Yilin） １９１７～１９９４。清華大学卒。元国務院常務副総理（第一副首相）。王岐山の義理の父でもあった。

39．兪正声（Yu Zhengsheng） １９４５～。第8代全国政治協商会議主席、第18期中央政治局常務委員を務め、序列は7人中第4位。父親は元第一機械工業部長の兪啓威（黄敬）。太子党に属する。

40．江青（Jiang Qing） １９１４～１９９１。山東省実験劇院（演劇学校）卒。毛沢東の4番目の夫人。文革を主導し「紅色女皇」と呼ばれた。文革末期には王洪文・張春橋・姚文元と「四人組」を形成し、中国共産党内で影響力を振るったが、毛沢東の死後に逮捕、投獄され、死刑判決を受ける。無期懲役に減刑の後、病気治療仮釈放中に北京の居住地で自殺した。

41．黄敬（Huang Jing） １９１２～１９５８。本名兪啓威。黄敬は中国共産党入党初期の別名。名家の出で、祖父は清末の官僚・教育者だった兪明震、祖母は清末の政治家・曽国藩の孫娘にあたる。

42．張又俠（Zhang Youxia） １９５０～。中央軍事委員会委員、国家中央軍事委員会委員、人民解放軍総装備部部長。階級は上将。太子党。

43．張宗遜（Zhang Zongxun） １９０８～１９９８。開国上将。人民解放軍副総参謀長、総後勤部部長などを歴任。

44．呉勝利（Wu Shengli） １９４５～。中央委員会委員、党中央軍事委員会委員、国家中央軍事委員会委員などを歴任。２０１７年1月海軍司令員を退任後、9月に規律違反の疑いをかけられ、翌月引退。

45．呉憲（Wu Xian） １９１５～２００１。抗日運動中、共産党軍の幹部になり、その後、杭州市長などを歴任。同じ共産党軍幹部出身の習仲勳の同志。

46. 馬暁天（Ma Xiaotian）　1949〜。第18期中央委員会委員、党中央軍事委員会委員、国家中央軍事委員会委員、人民解放軍空軍司令員。階級は空軍上将。

P38▼

47. 王立軍（Wang Lijun）　1959〜。重慶市公安局局長、重慶市副市長などを歴任。2012年、亡命を求めて突然アメリカ駐成都総領事館に駆け込み、薄熙来のスキャンダル発覚・失脚につながった。しかし、アメリカ側は王の亡命要求を拒否。成都人民検察院は収賄や職権濫用などの罪で王を起訴、懲役15年を言い渡した。

48. 温家宝（Wen Jiabao）　1942〜。第6代国務院総理（首相）。胡耀邦に抜擢され、1986年から1993年、中央弁公庁主任として趙紫陽、江沢民にも仕えた。

49. 劉源（Liu Yuan）　1951〜。首都師範大学卒。父親は国家主席であった劉少奇で、太子党。2015年、満期定年による退役が発表された。

50. 劉暁江（Liu Xiaojiang）　1949〜。海軍上将。2014年、退役。父の劉海濱は元人民解放軍将軍。夫人は胡耀邦の娘の李恒で太子党である。

51. 劉亜洲（Liu Yazhou）　1952〜。元空軍上将。人民解放軍将軍劉建徳の息子。太子党。

P39▼

52. 張海陽（Zhang Haiyang）　1949〜。父は中央軍事委員会の副主席。人民解放軍成都軍区政治委員、人民解放軍第二砲兵部隊政治委員、党委書記などを歴任。

53. 趙匡胤　927〜976。五代十国時代の争乱を収めて天下統一目前に死去。宋王朝の太祖皇帝として、その基礎を築いた。在位960〜976。

P40▼

54. 毛新宇（Mao Xinyu）　1970〜。毛沢東の孫。人民解放軍の軍事科学院戦争理論研究部副部長。階級は少将。

55. 朱徳（Zhu De）　1886〜1976。林彪らとともに十大元帥のひとり。人民解放軍総司令などを歴任。「建軍の父」とも呼ばれている。

56. 朱和平（Zhu Heping）１９５２〜。人民解放軍空軍少将。朱徳の孫。

57. 胡耀邦（Hu Yaobang）１９１５〜１９８９。中国抗日軍政大学卒。第3代中国共産党中央委員会主席・初代中国共産党中央委員会総書記。胡耀邦の死が天安門事件の引き金となった。

58. 胡徳平（Hu Deping）１９４２〜。胡耀邦の長男。現在は全国政治協商会議委員、経済委員会副主任委員。

P41▼59. 直轄市　省、自治区と同格に位置づけられる、中央政府が直接管轄する都市。北京、天津、上海、重慶の４市がある。

P42▼60. 陳希同（Chen Xitong）１９３０〜２０１３。元北京市市長。１９９５年４月に当時の北京市常務副市長が自殺し、公費流用など組織ぐるみの汚職が発覚し、市長を解任された。98年7月、懲役16年の実刑判決。

61. 陳良宇（Chen Liangyu）１９４６〜。第16期中央政治局委員、元上海市委書記。将来の総書記候補と目されていたが、２００７年に収賄、職権乱用の容疑で失脚した。

P43▼62. 王珉（Wang Min）１９５０〜。南京航空学院工学博士、教授。吉林省、遼寧省書記などを歴任。２０１６年、重大な規律違反の容疑によって調査を受け、翌年、無期懲役の判決を下された。

63. 黄興国（Huang Xingguo）１９５４〜。第18期中央委員。天津市市長、天津市代理党委書記などを歴任。２０１６年に規律違反の疑いで失脚した。

64. 周本順（Zhou Benshun）１９５３〜。武漢大学博士。元河北省共産党委書記。２０１５年、中央紀律検査委員会が周本順を調査していると発表。

65. 孫政才（Sun Zhengcai）１９６３〜。北京市農林科学院農学博士。中央政治局委員、前重慶市党委員会書記。ポスト習近平の有力候補だったが、２０１７年に重大な紀律違反容疑で解任され失脚した。

66. 王建平（Wang Jianping）１９５３〜。人民武装警察部隊司令官、中央軍事委員会連合参謀部副参謀

長などを歴任。２０１６年に収賄容疑で起訴され失脚した。人民解放軍で初めて失脚した現役上将である。

67. 房峰輝（Fang Fenghui）　１９５１～。中央委員会委員、党中央軍事委員会委員、中国人民解放軍総参謀長、国家中央軍事委員会委員。階級は上将。２０１７年、規律違反の容疑で失脚。18年1月9日、贈収賄の疑いで軍の検察機関に身柄を送致されたことが報じられた。

68. 張陽（Zhang Yang）　１９５１～２０１７。党中央軍事委員会委員、国家中央軍事委員会委員などを歴任。階級は上将。２０１７年、失脚した人民解放軍トップである郭伯雄と徐才厚に関連する容疑で取り調べを受け、その後、自宅で首を吊って自殺した。

69. 杜恒岩（Du Hengyan）　１９５１～。済南軍区政治委員、中央軍事委員会政治工作部副主任などを歴任。階級は上将。第18期中央委員。

第2章

人民はなぜ共産党を支持しているのか？

——功利主義、ノスタルジー、習近平変節

中国人にとって真の「豊かな暮らし」とは何か

第1章では、「19大」をめぐる権力闘争の実態を明らかにしてきた。では、その一方で中国14億の民は今、何を思っているのか。この章では、それをみていきたい。

まず、はっきり言っておきたいのは、**中国人民の怒りは爆発寸前**だということ。中国当局の統計では2000年代後半には「群体性事件《チュンティーシンシージエン》」（デモやストライキ、暴動を意味する言葉）の発生件数が年10万件を超えたが、現在では調査そのものが中止されて正確な件数はわからない。ただ、人民の怒りのマグマは、もはや沸点に達しつつある。

これは、中国に関する本を読んだことがある方ならば、なじみのある論調ではないだろうか。実際、デモやストライキの頻発は事実だ。

だが、その一方で「中国庶民が自発的に習近平を支持している」という話も、聞いたことがあるかもしれない。果たして人民は共産党を、習近平を支持しているのか、それとも憎んでいるのか。そうした根本的な部分から、中国のことがわからないと聞くことも多い。

そこで、まずご理解いただきたいのは、14億人の中国人は当然のことながら〝一枚岩〟ではないという点だ。そのうえで、富裕層、下層、中間層に分けて考えてみよう。

富裕層について、その多くは政府高官と企業家だ。いずれも、現行の中国共産党による統治体制から利益を受けている存在である。

政府高官については言うまでもなかろう。王朝時代の中国においては「科挙《かきょ》」という試験制度があり、試験に合格した者だけが官僚への道を歩んだ。そのため、有力家族は私塾を作り、一族の有望な若者たちを厳しく教育し、官僚に育て上げた。

というのも、**一族からたとえひとりでも有力官僚を生み出せば、一族全体を三世代にわたって養うだけの蓄財ができた**ためだ。権力を手にすれば、どれほどのカネを手に入れることができたのか、わかるであろう。科挙が廃止されて100年以上たつが、権力がカネを生み出す構図は変わっていない。

企業家にしてもそうだ。**中国の企業家は、権力と結びつかなければ生きていけない。**最初から権力と接近してカネを稼ぐ者もいれば、民間企業家として出発しながら成功した後に権力と結びついた者もいる。政治がすべてに優先する中国において、権力に近づかない企業家など存在しないのだ。

彼ら富裕層は、まさに〝既得権益集団〟だ。今の中国の体制に反対するはずもない。

では下層の人々はどうだろうか。彼らは主に農民や労働者だが、その主たる関心はいかにして日々の暮らしを成り立たせるかにある。失礼な物言いに思われるかもしれないが、日々の生活が最大の関心事であって、それ以外はどうでもいいと考える人々だ。

中国には「鼓腹撃壌《こふくげきじょう》」ということわざがある。伝説の帝王・堯《ぎょう》[1]が在位50年を迎えたときのこと。果たして、自分の統治が民草の生活を幸せにしているかが気になった。そこでお忍びで市井を見て回ると、ある老人が満腹の腹鼓を打ちながら、足で地面を蹴ってリズムをとりながら歌っている。

「日が昇れば仕事をし、日が沈めば休息する。井戸を掘っては水を飲み、田を耕して飯を食う。帝王の力なんて自分に関係があるだろうか」

不遜にも思える言葉だが、堯はこの歌を聞いて大いに満足したという。帝王の威光を感じることもなく、人々が幸せに暮らしていることこそが理想である、と。このエピソードは、儒教において〝理想の統治〟を象徴するものとして称揚されてきた。

確かに、この言葉は一面の真実を突いている。一般の人々にとって最大の関心事は、日々を生きることである。それが実現しさえすれば十分なのだ。

中国経済は一時期と比べれば成長ペースは鈍化したとはいえ（そして統計にさまざまな問題があるとはいえ）、まだ年平均6％以上と先進国の2倍以上というペースで成長している。昨日よりも今日、今日よりも明日のほうが、より豊かな生活ができるのだ。この経済成長が維持されている限り、下層の人々は大きな不満を抱かないだろう。

このことを、習近平もよく理解しているはずだ。2009年、メキシコを訪問した習（当時は副主席）は記者会見で、中国に対する人権無視の批判について次のように話した。

「腹いっぱいでやることのない外国人が、中国の欠点をあげつらっている。貧困を輸出しないだけでありがたいと思うべきだ」

共産党にとって「人権を守る」＝「飯を食わせる」こと

人権には、社会権と生存権の2種類があるとされる。前者は「言論の自由」など、日本の人々がよくイメージする人権だ。では、後者は何か。これは、「衣食住」という生存するための最低限の条件が保障される権利を意味している。

中国共産党も「人権」という言葉を使うが、それは「社会権」ではない。彼らにとって人権とは生存権を意味する。つまり、**下層の人民を食わすことができれば、中国共産党にとってそれは人権を守ったことを意味する**のだ。

たとえば中国の労働者について、こんなエピソードがある。

汚職容疑で重慶市のトップ、薄熙来が捕まったときのことだ。あるアメリカのメディアが重慶市にある薄熙来の豪邸近くで、出稼ぎ労働者に取材した。豪邸を指さし、「あんな高級住宅に住んでいた薄熙来をどう思いますか?」とたずねると、出稼ぎ労働者はこともなげにこう答えた。

「偉い官僚様なんだから当然だよ」

官僚が莫大な財産を持っていることに、彼らは不満を抱いていない。「自分たちとは別の世界のことだ」「自分が貧しいのは宿命だ」と受け入れているのだ。

もちろん、出稼ぎ労働者が一切不満を持っていないわけではないが、彼らの境遇が改革開放以来、改善されてきたこともまた事実だ。もともとは「戸籍制度」[2]に縛られ自由に移動できなかったのに、今では都会に出稼ぎにいける。都市住民と比べて受けられる公共サービスは少なく、「医療保険が受けられない」「子どもが都会の学校に行けない」など、数々の不便や格差があるが、昔と比べればよくなったと思っているのだ。

都会では、出稼ぎ労働者は差別されている。無知な人間だと侮られ、危険で汚い仕事を低賃金で請け負わなければならない。だが彼らは、それを不満に思うのではなく、故郷よりもいいカネを稼げる都会に来られたことを幸せに思っている。**差別されても宿命だと受け入れている**のだ。

しかも中国は、労働力不足の時代を迎えた。**高齢化の進展、ひとりっ子政策**[3]**の影響、そして中西部のインフラ建設が加速し、出稼ぎ労働者が自身の居住地近くで働くようになったため、経済先進地帯の東部では労働力が枯渇している**のだ。これまでは無尽蔵の農村人口を背景に、経済が成長しても安価な労働力が潤沢に存在していたが、そうした時代はもう終わったのである。

新卒サラリーマンよりも建設現場の出稼ぎ労働者のほうが、給料が高いという状況もしばしばで、**「出稼ぎ労働者の代わりに大卒エリートを雇おうか」**などというジョークも飛び交うほどだ。もちろん、大卒は経験を重ねれば給与が増えるので生涯賃金では圧倒的に上だが、それでも出稼ぎ労働者は以前よりも給料がよくなったことに満足している。

今も日々の食事にも困る人がいるものの、全般的にみれば中国人の生活状況は改善した。それゆえに、下層の人々からも中国共産党に対する強烈な批判は現れない。

世界標準から大きく逸脱した病的な「ダンベル型」社会

富裕層と下層の人々が現行政権に対して迎合的なのは、中国だけの事例ではない。世界の途上国で共通するセオリーだ。高い教育を受けながらも、権力の甘い汁を吸えないでいる人々。ある程度の財産を持ちながらも、権力の気まぐれによってその財産を奪われかねない人々。それが中産層だ。

民主化をなしえた国においては、いずれも中産層こそが主役の座にあった。高い意識と守るべき財産を持った人々が専制を打破し、法治を実現するモチベーションを保っていたのだ。

では、今の中国ではどうだろうか。

現在、中国には2~3億人の中産層がいるといわれている。14億人の人口からみればかなり少ない。アメリカや日本のような正常な民主主義国家においては、階層構造はオリーブの実型、ラグビーボール型をしている。カネ持ちも貧乏人も数の上では少数派、社会の主流は中産層が占めている。

ところが、**中国は病的な「ダンベル型」社会だ。**貧困層は人口ボリュームが大きく、富裕層は莫大な富を握っている。**人口上位1%が社会の富の30%を保有している**ともいわれるほどだ。この病的な社会構造において、中産層が持つ力はまだまだ限定的なものにとどまっている。

そもそも中国の中産層とは、具体的にどのような人々なのだろうか。

大学教授など知的エリートに加え（もっとも高学歴でも所得が低く、中産とはいえない人々も少なくないが）、公務員、党機関職員、国有企業幹部、中小企業経営者などが挙げられるだろう。2～3億人いる彼ら中産層すべてが、明確な社会改革の意思を持てば大きな力となるが、残念なことに現実はそうではない。**中国の中産層のうち、70～80％は現状に満足**しているのだ。無論、公務員や国有企業幹部など現行体制の既得権益者が多数含まれていることを考えれば、致し方ないことだが……。

しかも、中国には強力なネット検閲がある。2010年に中国の民主化人士、劉暁波《リウシャオボー》[4]がノーベル平和賞を受賞した。世界中の人々はこの事実を知っているが、**唯一中国だけはほとんどの人が劉暁波を知らない。それどころか、かつて中国共産党のトップだった胡耀邦、趙紫陽のことすら知らないのだ。中国共産党の邪悪な検閲は、ことほどさように恐るべき成功を収めている。**

ノーベル平和賞受賞後、中国外交部の定例記者会見で外国人記者から劉暁波に関する質問があった。報道官も回答していたが、その後ウェブサイトに掲載された公式記録から、このやりとりは削除されている。このように、**実際にはあった事実をまるでなかったもののように抹消することなどざら**だ。

2017年7月、劉暁波が死去すると、意識の高い中国人ネットユーザーはSNSで死を悼むつぶやきを書き込んだ。一方、中国共産党は追悼すら許さないと検閲を強化した。

劉暁波の名前はもちろんのこと、「安らかにお眠りください」という文言やロウソクの絵文字までNGワードに設定したのだ。**劉暁波のことを知らない一般の中国人は、なぜ突然ロウソクの絵文字が使えなくなったのかと首をかしげるしかなかった。**

劉暁波が最後に入院していた病院には、民主活動家から多くの電話が寄せられた。劉暁波の病状はどうなっている、お見舞いしたいという内容だ。だが、病院のスタッフはきょとんとして「劉暁波ってどなたでしょうか?」と返事したという。

彼らはもともと劉暁波のことを知らなかったうえ、劉が偽名で治療を受けていたこともその一因だ。治療にあたった医師もスタッフも、そこに偉大なノーベル平和賞受賞者がいたことを知らなかったのだ。

中国共産党は、国家の進歩や文明の発展には何も寄与しなかったが、中国人民の進歩を阻害するためには努力を惜しまない。さまざまな検閲技術、統治手法を開発し、人々から〝情報〟と〝記憶〟を奪っている。

〝意識の高い〟3000万人に託す一縷の望み

結局のところ、**本当の意味での中産層、すなわち社会改革の担い手となりうる人々は中**

産層の20％弱、せいぜい3000万人ぐらいではないか。彼らは政治の腐敗に不満を募らせ、「PM2・5」などの環境問題にも強く注目している。現行体制に限界を感じ、変化を求める人々だ。

彼らは、中国政府のネット検閲をくぐり抜け、積極的に情報を収集し、学んでいる。もちろん、劉暁波についても知っている。「博士が逝ってしまった」「劉さんが亡くなった」などの言い換え表現でネット検閲を突破し、できる限りの抵抗を示した。

なかでも、注目を集めた言葉がある。

「生きていたときは彼を牢屋に閉じ込めた。死んだときには海に投げ捨てた」

名前は出していないが、知っている人がこのつぶやきを見れば、すぐに劉暁波のことだとピンと来るだろう。**劉暁波は死後、遺族の同意も得ぬまま火葬されて、海洋散骨されてしまった**のだ。

かつて、ある中国の友人に「陳先生、中国本土には3000万人もの先生のファンがいます」と言われてびっくりしたことがある。私が中国を離れてもう20年あまり。アメリカや日本では積極的に情報を発信しているが、中国本土は検閲もあるためなかなか情報が届かない。私はもう中国人には忘れられた存在ではないだろうか、そう思っていたときに言われたからだ。

その友人によると、**中国人中産層の一部、すなわち3000万人の人々はネット規制を回避し、海外の記事やネット番組をよく見ている。**米メディア「ボイス・オブ・アメリカ」でのテレビ出演や華字ウェブメディアで論考を発表している私は、3000万人の間ではよく知られた存在なのだという。私をはじめとして、海外民主化運動団体（海外民運）の活動は中国本土にどれだけ影響力があるのか、自分自身でもわからずにいたが、この言葉には勇気づけられた。

ただし、この3000万人の人々は不満を持っていても、自ら立ち上がる勇気はない。巨大な武力を持ち、冷酷な弾圧を行う中国共産党政府を恐れているためだ。反発する気持ちを押し殺し、耐え忍んで自らの生活を守ることを選択している。

中国にはさまざまな社会問題がありながらも、突発的な暴動やストライキは別として、社会変革の運動が起きる気配がないのはこのためだ。

だが、だからといって中国共産党の統治が、未来永劫安泰だとは限らない。もし、改革を求める火の手が上がり、それが容易に消すことはできない規模にまで膨れ上がれば、3000万人の人々は隠していた怒りを爆発させ、その動きに加わるだろう。

それればかりではない。〝燎原《りょうげん》の火〟のごとく改革を求める動きが広がれば、残る80%あまりの中産層も続いてくる可能性が高い。彼らは普段、社会について深い思考をすることもなく、日々うまいものを食べ、何らかの娯楽があれば十分という人たちだ。**「民主主義って食えるのか？」**という言葉がある。「民主主義なんか一銭の得にもならないではないか」と、民主化を希求する人々をあざ笑う言葉だ。

彼らは一定の経済力を持っているので、中国社会に不満があれば、子どもを海外に留学させることも、自ら移民することも可能だ。だから、現状には大きな不満を抱いていない。**自分たちの暮らしを豊かにすることが第一で、民主主義などヒマ人の遊びだとバカにしているのだ。こうした快楽主義の中産層にこそ、中国共産党は統治基盤を築いている。**

だが、**彼らには風見鶏的な特性がある。**大勢が民主主義へと傾けば、かつての態度を180度転換させるだろう。その典型例が天安門事件へとつながる、1989年の民主化運動だ。

この民主化運動の起点は、ごく一部の体制内改革派の官僚と研究者、そして大学生たちだった。胡耀邦元総書記の死を契機として天安門広場の占拠が始まると、全国各地の大学生が呼応。さらに、その運動の広がりを見て、多くの市民も民主化運動を支持するようになったのだ。

ところが鄧小平が武力弾圧を断行すると、一転して意見を変えて政府を支持し、鎮圧は正しかったと言い出す。自らの考えがない、無定見の人々だ。

当時と今では社会の豊かさは異なるが、中国人の風見鶏的な性格は変わってはいない。というのも、彼らは中国の古い哲学を信じているのだ。「識時務者為俊傑」（時務を識《し》る者は俊傑たり）、すなわち時流を知るものこそが有能な人材だとの意味である。この哲学においては、**常に強い者へとすり寄る恥ずべき風見鶏的性格は、むしろ称賛される才能**とされている。

また「西瓜唯大辺《シーグワウェイダービエン》」（スイカは大きいほうを食べろ）という言葉もある。スイカを切り分けたら常に大きいほうを選べ、つまり日本語でいうところの「寄らば大樹の陰」の意で、やはり風見鶏的な生き方を礼賛する内容だ。

風見鶏的なふるまいをする人々は、自らを聡明な人間だと考えている。面倒なことにはかかわらず、常に強者の側に立って利益を得ようとする。信じられないかもしれないが、もし外国の軍隊が中国を占領したならば、彼らは抵抗することなく、外国の軍に服従するだろう。こういう人々が中国では大勢を占めているのだ。

だから、今は中国共産党の強勢を見て素直につき従っているが、もし民主化運動が広がれば、瞬く間に意見を変える可能性がある。中国のことを知らない半可通の〝専門家〟が、今の中国のうわべだけを見て、「中国人民の多くは共産党を支持している。共産党の統治には一切の揺るぎがない」などと言っているが、これは大きな間違いだ。

ダムにひびが入れば決壊まではあっという間。そのことを誰よりも熟知しているのが中国共産党だろう。人民の大半が共産党を支持している現状でも、実は彼らは恐れ続けている。だから、検閲を不断に強化し、海外民運への妨害を続け、治安のための武力強化に邁進しているのだ。

★反抗者たちを腰砕けにする中国流「功利主義」

中国人の特徴が、つまりはこうした「極度の功利主義」だ。ではなぜ、このような民族性を持つに至ったのか。考察すると、そこには数千年もの歴史が影響している。

モンゴル人や満州人などの異民族王朝が誕生するたび、あるいは中華人民共和国が誕生する際、勇気を振り絞って反抗した人々はことごとく殺され、根絶やしにされてしまった。**生き残ったのは臆病者たちばかり**だ。彼らは自分の子どもたちにも「面倒に巻き込まれるな」「正しいことでも公には言ってはならないことがある」と言い伝えていく……。こうした歴史の積み重ねが、「極度の功利主義」に凝り固まった中国人を作り出したのではなかろうか。

最近の事例では、天安門事件の参加者たちもそうだ。当時学生だった参加者たちも、約

30年が過ぎた今は50歳前後だ。その子どもたちは20代が多いだろう。

ところが**今の20代の中国人は、天安門事件についてほとんど知らない。**大半の親たちが、事件のことを子どもたちに話そうとしないのだ。もし民主化運動の歴史について子どもたちが知ったならば、面倒事、命の危険に巻き込まれかねないと危惧しているからである。

何らかのきっかけで事件を知った子どもにたずねられたとしても、「このことについては一切話してはならない。かかわってはならない」と逆に口止めをする始末。だから、若者たちは天安門事件も、あるいは改革派だった胡耀邦元総書記、趙紫陽元総書記のことすらも何も知らない……。

日本メディアも、中国における天安門事件の記憶の風化について報道しているが、何も政府による検閲だけの問題ではない。親世代が子どもたちに正しい歴史を伝えなかったことも、大きな要因となっているのだ。そうした歴史を伝えない要因が、功利主義というわけである。

勇気ある反抗者たちは、支配者たちによって殺し尽くされてしまった。残ったのは「好《ハオ》死不如頼活著《スーブルーランフオジャ》」[5]（よい死よりも怠惰な生のほうがましだ）という考え方を守る人々だ。中国人の奴隷根性は強く、こうして反抗する勇気は失われてしまった。

私の大学時代の同級生を見てもそうだ。ほとんどが功利主義者だ。学歴も収入も高く地位のある身であり、中国の変革よりも自分たちの生活を優先している。私のことは尊重してくれ、敬意も払ってくれている。亡命した身の私との友情も保っている。一見すると仲のよい友人のように思えるかもしれない。

ただその彼らにしても、自分たちの子どもには天安門事件について一切伝えてはいない。**ある友人は、子どもがアメリカに留学する際、「陳破空には近寄るな」「政治的な思想に影響されるな」と釘を刺している。彼とは、もともと志をひとつにしていたのだが……。**

同級生たちのなかには、私が出演しているテレビ番組を観ている者も少なくないはずだ。だが、メールやSNSでやりとりしていても、一切そのことに触れようとはしない。興味はあるので観ていても、誰にも話そうとはしない。自らの子どもにさえ……。

天安門事件当時は政治改革の信奉者だったのに、今では中国共産党に入党した知人すらいる。ただし、彼とて何も中国共産党がすばらしいと思っているわけではない。やはり功利主義的な発想で、入党すれば仕事に有利だからという理由でしかないのだ。

中国人を縛る「個人問題」と「組織問題」

中国語では「解決《ジエジュエ》個人《グーレン》問題《ウェンティー》了《ラ》没有《メイヨウ》？」という言葉がある。「個人問題を解決したか？」、すなわち「結婚できたのか?」という意味だ。さらに、「解決《ジエジュエ》組織《ズージー》問題《ウェンティ》了《ラ》没有《メイヨウ》?」（組織問題を解決したかい?）という言葉もある。こちらは「入党できた?」という意味だ。「結婚したの?」というお節介な質問と同じ程度の軽いノリで、入党問題も扱われているわけだ。**入党するかどうかはイデオロギーの問題ではなく生きていくための1つのツールを手に入れられたかどうかというだけの問題**だということがよくわかる。

このように、風見鶏的性格丸出しの中国人だが、それでも、ときとして不満は形となって表出する。2013年に中国共産党の機関紙『人民日報』の旗下にあるネット掲示板「人民論壇」が行ったネット世論調査は典型的な事例だろう。

これは、習近平が提唱する、中華民族の偉大なる復興を意味する「中国の夢」に関する調査だ。「中国共産党が指導する改革に賛成する」「中国の特色ある社会主義は中国人民の利益を代表している」「中国人民を導くのは中国共産党以外にはないと思っている」「現行の一党執政、他党参加の制度をどう思いますか」という4つの設問に、「はい・いいえ」で答える形式だった。質問文の作り方からして、中国共産党にきわめて有利な結果が出るように誘導されており、社会調査の原則から離れたお粗末な質問である。

だが、回答結果に人民論壇は仰天したようだ。**調査開始からわずか1時間で3000人が回答したが、いずれの設問も反対率は80%前後を記録。ネットユーザーの多くは、中国**

共産党に「ノー」を突きつけたのだ。人民論壇は、調査開始から2時間後には質問ページを削除してもみ消しを図ったが、この事実を消すことはできなかった。

また、かつて『中国人だからよくわかる 常識ではあり得ない中国の裏側』（ビジネス社、2016年）でも紹介したが、中国の大手不動産会社「SOHO中国」の張欣《ジャンシン》[6]CEOのエピソードも有名だ。2013年に米CBSの番組「60ミニッツ」に出演した彼女は、「今、中国人が最も必要としているものは何でしょうか？」との問いにこう答えた。

「必要なものは、よい家やよい生活ではない。民主主義だ」

驚いた司会者は何度も同じ質問を繰り返したが、答えは同じだった。不動産会社を経営する大富豪、現政権の既得権益者ですら民主主義が必要だと言うのだ。後に張欣はこの回答について、**「アメリカの人々に中国の真相を知らせたかった。中国人の多くは民主主義を欲しているという真相を」**と説明している。

他にもいくつかのネット世論調査で、中国人が民主主義を求めているという結果が得られている。ネットを使うのは主に若者だ。中国人のなかでも、若者世代の間で民主主義を希求する気持ちが強いことが、ここからもうかがえる。

民主主義を求める気持ちは強いのに、それがなかなか形として現れないのは、中国共産党に反対する人々が専制体制からの仕打ちを恐れているからにほかならない。過去70年近くにわたり、中国人は脅迫されてきた。反右派闘争、文化大革命、天安門事件、法輪功の迫害……。

恐怖政治におびえて人々が口をつぐむのも道理だろう。国外の人々に「中国人は共産党を支持している、民主主義など必要としていない」との誤解を与えたのも不思議な話ではない。

ネットにはびこるピンクの「紅衛兵」

若者中心のネットユーザーの間で政府批判、民主化への期待が高いことは述べた。だが、その一方で「小粉紅《シャオフェンフォン》」[7]（若きピンクちゃん）と呼ばれる人々も出現している。「90後」（１９９０年代生まれの若者）が中心で、中国共産党を支持する人たちだ。文化大革命における紅衛兵[8]のような、ガチガチの信奉者ではなく、もっとライトな人々。真っ赤ではなくピンク程度という意味から、この言葉がつけられた。

彼らの名を世界に知らしめたのは２０１６年1月、台湾総統選前夜だ。韓国の人気アイドルグループ「ＴＷＩＣＥ」の台湾人メンバー、ツウィ（周子瑜《ジョウズーユー》）[9]が韓国のバラエティ番組で、中華民国国旗である青天白日満地紅旗を持って出演したことから「独立派」だと決めつけ、インターネットで大々的な批判活動を行ったのだ。

ニュースサイトのコメント欄やフェイスブックには、数万件もの罵倒コメントが書き込まれた。参加した小粉紅は、数千人とも数万人とも伝えられている。中国を大きな市場としている韓流アイドル事務所はこの動きに驚き、ツウィは涙の謝罪に追い込まれることとなった。

「中国に、これほど多くの中国共産党支持の若者がいたのか」と、世界のメディアは大きな衝撃を受けたようだ。だが、この小粉紅にも2種類が存在することを知っておく必要がある。それは「五毛党《ウーマオダン》」[10]と「自干五《ズーガンウー》」[11]だ。

「五毛党」とはカネで雇われて、中国政府に有利なコメントを書き込む〝サクラ〟だ。かつて、ある中国の地方政府が書き込み1件あたり5毛（0・5元＝約8・5円）という薄給でアルバイトを募集していたことが発覚し、このあだ名がつけられた。

今では、こうした政府主導のサクラ部隊はさらに組織化されている。カネで雇われたアルバイトもいれば、ボランティアで動員された若者も少なくない。習近平政権では、中国共産党旗下の若手育成組織である中国共産主義青年団[12]（共青団）が、大々的なボランティア募集を行ったことが知られている。大学や国有企業ごとに割り当てを決め、中国全土で1000万人のボランティアを募ったのだ。

小粉紅たちが、海外のニュースサイトやフェイスブックにコメントを書き込むためには、中国のネット検閲を回避する必要がある。これには一定程度のコンピューターに関する知識が必要で、誰もがそのテクニックを知っているわけではない。多くの小粉紅たちがネット検閲を回避できたのは、やり方を教授するサポートがあったためだ。**中国政府が彼らにネット検閲回避用のソフトウェアを提供した**のである。

前述のように、そもそも中国人は功利主義の権化だ。それにもかかわらず、あれほど多くの若者たちがカネにもならない活動に参加したのはなぜか。のちにさまざまなリークによって、共青団が後ろ盾となっていたことが明らかとなった。共青団は陰に陽に、彼らの攻撃を支持していたのだ。**共青団の機関紙『中国青年報』は、毛沢東の詩「長征」を引用し、海外のサイトを攻撃する小粉紅たちの活動を支持する社説を掲載**までしたのだから、その露骨さには驚くしかない。

一方、**「五毛党」とは違う存在が「自干五」。自ら糧食を調達する五毛党、すなわち見返りはいらず、心から共産党を支持する人々の意味**だ。このような、自発的に中国共産党を支持する若者たちがいることは事実だ。だが、それは驚くような話ではない。彼らは幼い頃からテレビ、新聞、雑誌などあらゆるメディアを通じて洗脳されてきた。学校でもプロパガンダを叩き込まれている。

これだけの洗脳教育を受けてきたのだから、心から共産党に従う若者がいても当然だ。むしろ、**ここまで洗脳を行っていても、ネット世論調査では民主化を支持する結果が出ていることのほうに驚くべき**だろう。

彼ら「自干五」は、洗脳によって政府擁護の考えを植えつけられている。文化大革命における「紅衛兵」と、まったく同じ状況にあるのだ。私も文化大革命を経験している。周囲には「毛沢東はよい人、劉少奇《リウシャオチー》[13]は悪い人」と素直に信じている若者がごろごろしていた。

この項の冒頭で紹介した紅衛兵ほど赤くない**「小粉紅」は、五毛党と自干五の混合体**だ。数千人から数万人という台湾総統選前夜に大暴れした参加者のうち、どれだけが自発的に中国共産党を支持していたのか、どれだけがカネのため、あるいはボランティアとして強制的に動員されたのかは不明だ。ただし、この事件だけをとって、中国の若者たちの間に中国共産党支持が広がっていると考えるのは、早計ではないだろうか。

★ 50代以上のノスタルジーといまだ続く「吊し上げ」

若者たちに広がる共産党支持の現象が「小粉紅」だとするならば、老人たちの現象が**「毛沢東左派」（毛左）**だ。50代以上の中高年によって構成されており、**今よりも毛沢東時代**

のほうがよかった、あの時代に立ち返ろうと主張する一派だ。左派とは中国における保守派、すなわち原理主義的な社会主義者を指す。

餓死者が出るほどに貧しかった毛沢東時代に帰ろうなどとは、正気の沙汰とは思えないが、彼らにも言い分がある。今の官僚の腐敗や貧富の格差に不満を抱いているのだ。現状と比べれば、毛沢東の文化大革命時代は貧しかったかもしれないが、腐敗も格差もなかったではないか、というわけだ。

もちろん、実際には腐敗も格差も存在した。ただ、強力なプロパガンダで見えなくされていただけだ。だが、記憶の風化もあり、また当時のプロパガンダを素直に信じていたという事情もあり、毛左の人々は毛沢東時代こそが戻るべき理想の世界だと思い込んでいる。

「民不患寡而患不均[14]」（民は寡《すく》なきを患《うれ》えず、均《ひと》しからずを患《うる》う）という有名な言葉もある。「人々は、貧しいことよりも格差があることに不満を抱く」という意味だ。中国史における農民反乱を振り返ってみても、「土地や富を均等に分けよう」というスローガンが圧倒的に多かった。

そうした伝統もあり、中国人は格差に対する不満を抱きやすい。だから今のほうが圧倒的に豊かであるにもかかわらず、文化大革命時代に戻りたいと考える人が現れるのだ。もっとも、ロシアにもスターリンを崇拝する人がいれば、ドイツにもネオナチの信奉者がいる。だから、中国に毛沢東信奉者がいても不思議ではないのかもしれないが……。

そもそも中国では、いまだに天安門には毛沢東の肖像が掲げられ、天安門広場には遺体も安置されている。「英雄」の処遇を受けているのだ。

そのため、**毛沢東を何となく好きだという人は多いが、実際問題、「毛左」ほどの極端な思想の持ち主はそう多くはない。**ただし、毛左の政治的な影響力は無視できない。毛沢東の死後、中国共産党は「功績が7割、過ちが3割」との評価を決定した。大躍進[15]や文革という民族の災厄をもたらしたにもかかわらず、功績のほうが大きいとの評価を定めたのだ。そのため、毛沢東支持を標榜する人々を表立って弾圧することもできず、毛左の対応には手を焼いている。

また、毛沢東時代はアメリカとロシア（ソ連）に「ノー」を言えた時代だった。強い中国を実現したと、愛国主義の立場から毛沢東を評価する声もある。つまり、毛左は強い民族主義思想を持っているわけだ。きわめて偏狭な民族主義思想にすぎないが……。

彼らは、いまだに文化大革命さながらの「吊し上げ」を行っている。山東省のある大学教授が毛沢東を批判したと聞けば、猛批判を加え免職に追い込む。河北省のある官僚がSNSに毛沢東批判を書き込めば、抗議し罷免に追い込むという具合だ。

★共産党も手を焼く「毛左」の有効利用法

周知のように、中国では集会の自由は認められていない。当局の認可がなければデモはできないのだ。だが、**毛沢東支持を標榜する毛左の行動は、当局も却下することは難しい。英雄である毛沢東を崇拝する人たちの行動を許さないわけにはいかない**というわけだ。人数は少なくても自由にデモができるのだから、彼らには勢いがあるように見えるし、事実、それなりの影響力を持ちうる。

この毛左を政治的に活用したのが、薄熙来元重慶市委書記だ。習近平の父と同様、八大元老のひとりである薄一波を父に持つ薄熙来は大きな野心を抱いていたが、出世レースでは遅れをとっていた。逆転のためには何らかの〝風〟が必要だったのだ。

だが、「右派」（中国では自由主義市場経済主義者の意味）の力を借りることはできない。共産主義の中国では、右派は原則的に間違った存在であり、彼らの力を借りれば自分も危うい立場に置かれる。「ならば」と、選んだのが毛沢東左派だった。左派への傾斜は中国共産党において〝正しい行い〟であり、政治的なリスクがないことも大きな要因となったのである。

薄熙来は、「唱紅打黒《チャオホンダーヘイ》」[16]（革命歌をうたい、汚職を摘発する）という政治キャンペーンを展開。これによって毛左をはじめ、格差に不満を抱いていた中間層、貧困層から絶大な支持を得ることに成功した。そして、庶民の圧倒的支持という〝風〟に乗って、中国共産党の最高指導部である中国共産党中央政治局常務委員の座をも得ようとしたのである。

最終的には、腹心である王立軍が薄熙来の怒りを恐れてアメリカ総領事館に逃げ込むという事件を起こしたことから、薄は捜査対象となり失脚を余儀なくされた。だが、**格差に対する不満がどれほど中国人民に根づいているのか、そして、それを利用する手法がどれほどの有効性を持っているのか、彼は習近平に重要なヒントを与えてしまった**のだ。

2012年、総書記に就任した習近平は薄熙来と同じく、毛沢東を称賛し、汚職官僚を取り締まる政治キャンペーンを展開、人民からの支持を得ることに成功した。

薄熙来にせよ、習近平にせよ、文化大革命において迫害された経験を持っている。あの狂乱の時代に再び戻ろうなどとは、まったく考えていないに違いない。それでも毛左にすり寄ることで政治的基盤を固められると判断し、自らの主義主張とは無関係の政治キャンペーンを行ったのである。

反汚職と腐敗が反比例する歴史的パラドクス

薄熙来式の左派へのすり寄り、そして格差を憎む庶民を取り込むための反腐敗運動で習近平は庶民から絶大な支持を得た。その支持を追い風に、さらに自らの権力を強化しており、今や毛沢東以来の強大な指導者と化している。

振り返ってみれば、1989年の学生運動では「民主化」と「反汚職」というふたつの要求があった。共産党は民主化という要望には絶対に応じないが、反汚職ならば人民を欺く〝ポーズとしての取り締まり〟を行える。天安門事件後、江沢民と胡錦濤、2代の総書記は、習近平ほど派手ではないが、いずれも反汚職運動に取り組んだ。ただしそれは、第1章でも触れたように「選択的反腐敗」とでもいうべきもので、自らの部下はどれほど腐敗していようが摘発はしなかった。これは、習近平時代の今においても共通だ。むしろ習近平時代の今こそ、実は最も汚職が深刻な時代であろう。

反汚職運動を行えば行うほど腐敗は逆に深まる。これが中国の伝統だ。

20世紀初頭に活躍した中国の文筆家に李宗吾《りそうご》[17]という人物がいる。彼が書き残した『厚黒学』（邦訳は『厚黒学』徳間文庫、2016年）は、中国人の思考法を理解するのに不可欠の1冊だ。同書に収録された一篇に北宋の皇帝・宇文泰《うぶんたい》[18]と名宰相・蘇綽《そしゃく》[19]の対話がある。その内容は以下のとおりだ。

「国を治めるのにどのような人物を用いるべきか？」

宇文泰は蘇綽に聞いた。

蘇は「汚職をする人間を使うべきです」と答えた。

「国家の権力を笠に着て、汚職し蓄財する人間は国に忠実です。国の権力こそが彼らの力の源なのですから」

「では、国民が汚職官僚を不満に思ったらどうするのか？」

宇が疑問を投げかけると、蘇は「そのときは、汚職官僚を殺しましょう。民は悪いのは汚職官僚であり、皇帝は素晴らしい人だと思うでしょう。それに汚職官僚の財産は国庫に入ります。生きているときも死ぬときも、役に立つのが汚職官僚です」と答えた。

そして「清官（清廉潔白で民思いの官僚）は絶対に使ってはいけません」と続けた。

「清官は皇帝のためではなく、民のために働く。その名誉は皇帝ではなく、清官個人に帰属していきます。民が不満を感じたとき、矛先は皇帝に向かってしまうでしょう」

というのが、その理由だった。

汚職官僚を用いて、不要になれば殺してしまう。習近平政権も今、同じことをしているのだ。自分に忠誠を誓わない、邪魔な汚職官僚だけを取り除き、人民の支持を得ている。繰り返しになるが、本当の意味で反汚職運動を実現するには民主化が必要だ。だから学生運動は、民主化と反腐敗のふたつをキーワードにしていたのだ。**司法の独立や言論の自由といった民主主義のツールを備えない限り、真の腐敗撲滅は絶対に実現しない。**

だが、この道理を今の中国人は理解していないようだ。あまりに長い間、「人治」が続いているので、法治というものを理解できないのだ。真の反腐敗には目もくれず、パフォーマンスとして反汚職運動を展開する習近平に喝采を送っている。悲しいかな、中国はいまだ人治の国。そして、人民は〝愚民〟の域から脱することができずにいる。

あえて、習近平の〝変節〟という荒唐無稽な仮説を考えてみる

気になるのは、これほどの権力を手に入れた習近平が今後、どのような道を歩むかだ。私は2014年6月、『ニューズウィーク日本版』のインタビューに答えて、次のように

話している。

――習近平主席は頑迷な保守派なのでしょうか、リベラルな改革者なのでしょうか。中国を変える可能性が50％、変えない可能性が50％だと考えています。習近平は江沢民に選ばれた人物で、彼の重要な任務は既得権益集団を守ることです。ただ、裏を返せば江沢民が死去した後は習近平がどうなるか誰にも分からない。（民主化と戒厳令を解除に踏み切った）台湾の故・蔣経国総統のようになる可能性もある。習近平の父親は文化大革命で迫害され、天安門事件では虐殺に反対した人です。

要するに、**強権的で独裁体制を築いた習近平の実態は、「リベラルな改革者」である可能性が50％あると分析**したということ。この記事を読んだ知人は「正気ですか⁉」と驚いていたが、私は大真面目だ。というのも、習近平がこれほどの独裁権力を必要とする理由が、今なお不明だからだ。

強大すぎる権力を手にすれば、因果応報、必ずやその報いはやってくる。**たとえ習近平が毛沢東のような〝終身君主〟の座についたとしても、彼の死後、残された家族に憎しみの矛先が向く**だろう。権謀術数飛び交う中国政界を生きてきた習近平は、このことをよく知っているはずだ。

そのリスクをわかっていて、それでもなお独裁権力を手にしようとしているのには、何か目的があるのではないか。私は、そのことがどうしても頭から離れないのだ。夜、仕事の手を休めたとき、いつもこの問いについて考えている。

ひとつの可能性は習近平が巨大な野望の持ち主で、リスクを顧みず、毛沢東よろしく皇帝のような独裁者の地位を目指しているということ。これが50％。もうひとつ、私が予測しているのが、**強大な権力を握った習近平が〝上からの改革〟を行う可能性**だ。荒唐無稽に思われるかもしれないが、こう考えてみると納得できる傍証は無数にある。

もし、習近平が改革を目指す人物だったとしよう。２０１２年、総書記に就任してすぐに改革に着手すれば、たちまち大きな問題が起きただろう。現行体制の〝甘い汁〟を吸う汚職官僚が、あれほどいたのだ。必ずや、習近平を排除しようと画策したはずだ。

改革を志したばかりに失脚してしまった人物は、社会主義国家誕生から１００年の歴史のなかに何人もいる。70年代後半の改革開放以降では胡耀邦、趙紫陽というふたりの総書記が改革を断行しようとして、相次いで保守派の前に屈した。胡耀邦は政治改革を試みたが、降格の憂き目にあい１９８９年に死去。それをきっかけに起きた天安門事件で、趙紫陽は学生支持を打ち出したが、実権を握る鄧小平に排除された。

一方、ロシアではフルシチョフが10年間にわたり改革を試みたが、それをうとましく思った仲間たちに裏切られ、権力の座を失った。ペレストロイカを主導したゴルバチョフも同じ末路だ。

こうした過去を考えれば、**権力基盤を確立するまでは大人しくしているのが合理的な選択**である。もし、中国共産党内部に改革派がいたとしても、権力を握り思うがままの改革を行えるようになる最後の最後まで、自らの志は隠し続けるだろう。習近平の側近である王岐山は、趙紫陽に育てられた過去を持つ。独裁の道を選ぶにせよ、改革の道を選ぶにせよ、「まずは、自らに権力を集中させる必要がある」と習近平に助言しているはずだ。

実際、習近平は総書記就任前にも隠忍自重を続けていた。習近平を引き立てたのは江沢民だ。胡錦濤は自らに近い李克強を総書記にしたかったが、江沢民の強引な推薦によって習近平が頂点の座についた。江沢民からすると、習近平は大人しく、自分の言うことに従う人物にみえた。だから安心して抜擢したのである。ところが総書記に就任すると、習近平は江沢民に近い官僚を次々と排除していったのだ。

派手な政治キャンペーンで出世を狙った薄熙来が倒れ、ひたすら地味に機会をうかがっていた習近平が勝利する。つまりは、〝うつけ〟を演じていたということ。中国の権力争いで勝利するのは、得てしてこのような人間だ。

さて、こうして手に入れた権力を習近平がどう使うか。**独裁者が自ら権力を放棄し民主化へと導く。まるで〝白昼夢〟か〝幻覚〟のような話だが、実は前例がある。前掲のインタビューでも答えたように台湾がそうだ。**父・蒋介石《ジャンジエシー》[20]の後を継いで、台湾を支配する独裁者となった蒋経国《ジャンジングゥオ》[21]だが、1980年代に入り改革を決意。結党の自由や報道の自由を解禁したのだ。無論、中国の国際社会復帰や国際世論の圧力などさまざまな外的要因もあったが、**蒋経国の決断がなければ、今の台湾はあり得なかった**はずだ。

だから、**習近平が改革者となる可能性を、いまだに私は捨てきれない**でいる。劉暁波に対するあまりにも残酷な扱いを見て、**皇帝の道を目指すのが70％、改革者である可能性が30％ぐらいへと確率を変えたが、それでもゼロではない。**

10月に開催された中国共産党第19回全国代表大会（19大）で、習近平はさらに自らの権力基盤を強化している。この強大な権力をいかに活用するのか。その結果を我々は見守るしかない。

★リスクなき〝上から下への改革〟の可能性

先走りすぎていると言われるかもしれないが、もし習近平、あるいは他の誰かが中国において〝上からの改革〟を行った場合、どのような結果がもたらされるかについて考えてみたい。

他の誰かという言い方をしたのは、**中国の体制内、共産党内部にかつての胡耀邦や趙紫陽のような改革派が潜んでいる可能性もある**ためだ。前述のとおり、そうした改革派はたとえ存在したとしても、おくびにも出さずにその思いを胸の内に秘めていることだろう。

もちろん、天安門事件前と比べ、そうした改革派が存在する余地は少なくなっていることも認めざるを得ない。それというのも、天安門事件後に中国は「社会主義市場経済」の名の下にさらなる経済開放を推し進めたが、これが巨大な汚職の温床となったためだ。

今や中国高官で汚職に絡んでいない者は、誰もいないだろう。たとえ自らが汚職に手を染めていなくても、権力を利用して懐を肥やしている近親者が必ずいる。結局、高官すべてが汚職によって利益を得る存在となったのだ。

1980年代、胡耀邦と趙紫陽の時代には、ここまでの腐敗はなかった。〝経済的利益〟ではなく、〝政治的理想〟を追求する余地があった時代だ。

近年では、政治局常務委員というトップクラスの地位にあった王岐山が〝清官〟の誉れ高き人物だった。ところが、最近になってアメリカで亡命申請をしている中国人富豪、郭《グウォ》文貴《ウェングイ》[22]が王の汚職問題について告発している。中国の大手航空会社「海南航空」を実質的に支配しているのは王岐山の親族だという。さらに有名な女優とも不適切な関係を結んでいたなど、王の陰の一面を指摘している。

詳しくは第4章で説明するが、そのいかがわしさゆえ、**郭のリークは話半分に聞かなければならない**。だが、たとえ告発した容疑の半分しか真実はなかったとしても、清官とはほど遠い人物だと言わざるを得ない。中国体制内に清官は、そして改革派はまだ存在しているのか。外からは見えにくい時代だ。

さて、それではきわめて低い可能性のシナリオではあるが、習近平、あるいは志を秘めたまま雌伏している清官による「上からの改革」が実現した場合について、具体的に考えてみよう。

イギリスの名誉革命、フランス革命、アメリカの独立戦争……。民主主義の確立には、このような革命が必要だとの見方が根強い。日本でいえば明治維新が該当するとの見方もあろう。

その一方で、今の日本は第2次世界大戦の敗戦による〝与えられた民主主義〟しか持ち得ていないとの意見もある。自らの力で勝ち取ったのではなく、「棚からぼた餅」のように偶然手にした場合、民衆は真の意味で民主主義の価値を理解できない、民主主義の必須要素である国民の参与もおぼつかないというわけだ。事実、シニカルな人々の間では、日本政治の機能不全は与えられた民主主義であるがゆえとの分析もある。

その意味で、中国でも上からの民主主義がたとえあったとしても、よい結果をもたらさないのではないか、そう考えている人もいるようだ。だが、私の意見は違う。**長期にわたる独裁が続いた国においては、〝上から下への改革〟のほうがスムースに進む。**その好例がミャンマーだ。中国に負けず劣らずの独裁国家であり、国民が何度立ち上がっても激しく弾圧し、民主化の芽を潰してきた強権国家でもある。

ところが、そのミャンマーにおいて大きな転換があった。このまま時代の流れに取り残されていてはならぬと、軍事政権が平和的な改革を断行。そして、選挙による政権交代が実現したのだ。

中国には、かつて〝下から上への改革〟のうねりがあった。それが1911年の「辛亥《しんがい》革命」[23]だ。「広州起義《こうしゅうきぎ》」という蜂起を皮切りに各地で武装闘争が起き、ついに清朝が崩壊。中華民国が成立したのだ。ただし、多大な人命と引き換えに帝国の歴史を終わらせることには成功したが、政治は安定せず、袁世凱《えんせいがい》[24]という新たなる独裁者を生み出すという悲劇的結末に終わってしまった。

このように、**〝下から上への改革〟には血が流れ、政治的な混乱が生じるなど多大なコストが必要**となる。その反面、**〝上から下への改革〟にはこうしたリスクはない。**しかも、独裁国家であればあるほど、強権的に制度を変える力も備わっている。

★1970年代の成功を台無しにした「老害」という伝統

実は、**1970年代末から始まった鄧小平主導の「改革開放」もひとつの成功例**と言える。政治ではなく経済分野に限った改革だが、私有財産や民間企業を許さぬゴリゴリの社会主義国であった中国を短期間で変えてしまった。

今や日本人やアメリカ人が中国を訪問すると、「私たちの国以上に資本主義だ」と驚くありさまだ。社会主義を建て前としては残しつつも、市場経済を導入するという経済改革が、これほど速やか、かつ順調に進んだのは、上からの改革のたまものだろう。

だが、よいことだけではない。権力者の意向次第ですべてが変わってしまうのだから。**鄧小平は、かつて経済改革に続いて政治改革を行うと明言していたし、改革派の胡耀邦と趙紫陽の起用を後押ししたの**も彼だ。

ただ、鄧小平の考えていた政治改革とは、いわゆる民主化とはほど遠いものだった。中国共産党による一党独裁を変更しないのが大前提となる、部分的な改革だ。

彼の内部談話によると、「三権分立」「言論の自由」「報道の自由」「司法の独立」など、民主主義の根幹的制度については明らかに反対の姿勢を貫き、一党独裁のメリットを強調していた。卓越した指導力で経済改革をリードしたが、民主化を支持する思想は一切持っていなかったのが実情だろう。

この政治姿勢は、彼の「人生年表」をみれば理解できる。文化大革命で二度にわたり失脚した鄧は毛沢東の死後、どうにか復活を果たす。その後、最高権力者の地位に登り詰めるが、すでに70代という高齢だった。**天安門事件発生時は85歳**だ。人生の終わりがもう見えつつある年齢である。**彼の最大の望みは安定した晩年であり、ゆえに政治的保守派になる以外の選択肢はなかった。**もし天安門事件当時、鄧小平が65歳だったならば……。あるいは武力鎮圧という選択肢を選ばなかったかもしれない。

1898年、清末の改革「戊戌変法《ぼじゅつへんぽう》」[25]は西太后《せいたいごう》[26]によって阻止された。彼女は当時63歳。19世紀基準では、すでに死が近いほどの高齢だ。**西太后と鄧小平、改革を阻止したふたりは「老害」という共通項でくくることができる。**

さらに、もうひとつの共通項は「祖法（祖先から継承した法、制度）を変えてはならない」との信念だ。西太后は、清朝の制度が変わることを見過ごすことはできなかった。鄧小平も経済分野では改革を断行したものの、一党独裁という政治制度を変える気持ちは、さらさらなかった。明治維新とその後の改革において、国の形をダイナミックに変えることを許した日本の明治天皇と比べると、雲泥の差がある。

★習近平が自分の身を守れるたったひとつの道

もし、**習近平が胡耀邦と趙紫陽の志を引き継ぎ、政治改革を断行するならば、すなわち、その掌中に収めた巨大な権力を活用して民主化に取り組むならば、高い可能性で中国の民主化は成功する**だろう。習近平の名は歴史に刻まれ、中国史上最高の英雄として人々に記憶されることになる。

反対に、もしこのまま独裁的な支配を続けるならば、いかに習近平がうまく立ち回ったとしても、毛沢東や鄧小平に並び立つ存在になることすら困難だ。それどころか、江沢民にすら及ばないのではないか。歴史に名を残す実績を上げていないからだ。しかも、**反汚職運動で多くの官僚たちの恨みを買っているだけに、引退後、中国共産党内の対立勢力から報復されることは必至**だ。

しかし、もし習近平が政治改革を断行すれば、名誉のみならず、自らの老後と子々孫々の安全をも保障することとなる。このように説明すると、あたかも私が習近平に人並み以上に期待を抱いているかのように思われるだろう。だが、そうではない。習近平が、なぜこれほど巨大な権力を手に入れようとしているのか、どうしても解けない謎を考えたときに、あり得るシナリオのひとつとして客観的に分析したのみだ。期待はしていないが、いまだにこのシナリオを廃棄するだけの根拠も持ち得ていない。そのように捉えてほしい。

ただし、**歴史的・文化的な背景を考えても、中国では上からの改革を決断できるような統治者が現れにくい土壌がある**ことも指摘しておかねばならない。日本は明治維新とその後の一連の改革で、急速な近代化と議会制民主主義を実現した。その成功にはいくつもの要因があろうが、統治者であった明治天皇が責任感と道徳心にあつく、心から日本国民のことを考えていたことも大きかったのではないか。

一方、中国の皇帝や指導者はというと、私心ばかりで、民族や国のためではなく、自分や家族のことしか考えられない者ばかりだ。**中国のトップが、無私の心で改革に取り組んだ事例はいまだかつてない。**同じ中華民族の台湾にせよ、人々が何度も何度も民主化を求めた末に、蔣経国は政治改革に踏み切ったのだ。市民の要求と圧力がなければ、蔣経国もあるいは独裁の道を歩み続けていたかもしれない。こうした土壌があるがゆえに、中国では改革の実現に、他国よりもはるかに大きな犠牲が必要となるのだ。

振り返れば、胡耀邦と趙紫陽の改革が失敗したことは無念でならない。彼らとて中国共産党内で生き抜いてきた官僚だ。一党独裁のルールは逸脱できない。事実、趙紫陽は自ら、若い時代には左派であったと述懐している。

ただ、**彼らふたりには人間性があった、善意があった。一般市民の苦しみを感じ取り、国を改革しようという志があった。もちろん私心もあったろうが、鄧小平など他の権力者からはほど遠いレベルだった**のだ。

胡・趙両者の共通点として、文化大革命において失脚し辛酸をなめた経歴がある。復権後、両者は毛沢東と中国共産党のやり方が間違っていたと真摯に反省したのだ。鄧小平と比べればまだ若かったこともあり、自らの思想を変えることができた。この点について、私は非常に高く評価している。

だが、結局ふたりは総書記という肩書きは手にしたものの、実権は鄧小平をはじめとする長老が掌握したままだった。もし、どちらかが権力を掌握することができていたならば、中国の民主化は実現に近づいていったかもしれない……。

第2章注

P56▼1. 堯　中国三皇五帝のひとりで、陶、次いで唐に封建されたので陶唐氏とも言う。儒家により神聖視され、聖人と崇められている。

P58▼2. 戸籍制度　中国では、戸籍を「戸口」といい、すべての国民が機関、学校、企業など「単位」と呼ばれる組織に属するようになっている。「単位」の所在地により、俗に城市戸口（都市戸籍）と農村戸口（農村戸籍）と区分される。政府は2020年までに都市戸籍と農村戸籍を合わせた住民戸籍に統一する改革方針を表明した。

P59▼3. ひとりっ子政策　正式名称は「計画生育」。1979年から2015年まで導入された厳格な人口削減策。2014年からふたり目の出産を無条件に認めるよう緩和された。

P61▼4. 劉暁波（Liu Xiaobo）　1955〜2017。作家、元北京師範大学文学部講師。民主化運動など広範な人権活動に参加し、度々投獄された。2010年ノーベル平和賞を受賞、17年6月遼寧省監獄管理局によると、末期の肝臓がんと診断され、翌月に死亡した。

P68▼5. 好死不如頼活著　民間で広く伝えられている俗語。出処不明。

P71▼6. 張欣（Zhang Xin）　1965〜。女性起業家、SOHO中国のCEO。

P72▼7. 小粉紅　1990年代以降に生まれた若い世代の民族主義者のこと。

8. 紅衛兵　文革時に発生した全国的な青年学生運動で、学生が主体。1966年から1968年にかけて猛威を振るい、文革期間中の死亡者、行方不明者（数百万人とも数千万人ともいわれる）の一部に加担したともいわれている。

9. 周子瑜（Zhou Ziyi）　1999〜。芸名はツウィ。台湾台南市出身の女性アイドル。韓国のガールズグループ「TWICE」のメンバー。

P73▼10. 五毛党　中国共産党配下のインターネット世論誘導集団を指すネットスラングである。書き込み1件当たり5毛（1元の半分）が支払われることからこう呼ばれる。

11. 自干五　五毛党とは違い、報奨がなくても共産党を支持する言論をネットに書き込む人たちのこと。
12. 中国共産主義青年団　中国共産党による指導のもと14歳から28歳の若手エリート団員を擁する青年組織。略称は共青団。
P75▼13. 劉少奇（Liu Shaoqi）　1898～1969。第2代国家主席などを務め、中国共産党での序列は毛沢東に次ぐ第2位であったが、文革中に失脚、非業の死を遂げた。
P76▼14. 民不患寡而患不均　出処は『論語・季氏』第16篇。
P77▼15. 大躍進　1958年から61年まで行われた農業・工業の大増産政策。毛沢東は経済的に英米を追い越すことを夢見て実施した。しかし、過大なノルマによる中国経済の大混乱と、推計1000万人から4000万人の餓死者を出す大失敗に終わり、毛沢東は国家主席を辞任。その後は劉少奇、鄧小平などが経済再建を目指した。
P79▼16. 唱紅打黒　薄熙来が重慶市委書記時代に行った政策。革命歌を歌うイベントの開催、汚職官僚の摘発強化を進めることで、左派から大きな支持を受けた。
P80▼17. 李宗吾　1879～1943。学者、著述家。厚黒教主とも号す。またの筆名は独尊。
P81▼18. 宇文泰　505～556。北魏・西魏の政治家。鮮卑人で、北周の基礎を築いた。実際に帝位にはついていないが、廟号は太祖、559年には文帝と追謚されている。
19. 蘇綽　498～546。西魏の文人、官僚、政治家。西魏に仕え、宇文泰に認められ、北周を創立。六条詔書の文案を作り、実施させた。代表作に『仏性論』『七経論』がある。
P86▼20. 蔣介石（Jiang Jieshi）　1887～1975。中華民国の政治家、軍人。第3代、第5代国民政府主席、初代中華民国総統、中国国民党永久総裁。孫文の後継者として北伐を完遂し、中華民国の統一を果たす。国共内戦で中国共産党に敗れ台湾に移り、その後大陸支配を回復することなく没した。
21. 蔣経国（Jiang Jingguo）　1910～1988。中華民国第6、7期総統。蔣介石の息子。幼い頃ソ連に留学し人質になったものの、36年、西安事件で帰国。父蔣介石から権力を継ぎ台湾総統に就任、台湾の経済成長に貢献し、その後、戒厳令を解除し民主化への道を開いた。

P87▼22. 郭文貴（Guo Wengui） 1967〜。山東省出身。中国を逃れ、アメリカで事実上「亡命」状態にある中国の実業家。曾慶紅と親しい政商として暗躍し、北京オリンピックの公園建設などにも携った。2015年アメリカに逃亡後、中国共産党内部の暴露を続けている。17年9月、アメリカに正式に亡命申請をした。

P89▼23. 辛亥革命 1911年から翌年にかけて、中国で発生した共和革命のこと。革命が勃発した年の干支である辛亥にちなむ。この結果、アジアにおいて史上初の共和制国家である中華民国が誕生した。

24. 袁世凱 1859〜1916。清朝末期の軍人、政治家。北洋軍閥の総帥。大清帝国第2代内閣総理大臣を務めた。清朝崩壊後は第2代中華民国臨時大統領、初代中華民国大総統に就任。1916年、皇帝を名乗ったが反乱が拡大し帝制を断念。その後まもなく急死した。

P91▼25. 戊戌変法 清朝の光緒帝の時代、光緒24年（1898年戊戌の年）の4月23日から8月6日にかけて、光緒帝の支持の下、側近の康有為らが主導した政治改革運動のこと。

26. 西太后 1835〜1908。清朝の咸豊（かんぽう）帝の側妃で同治（どうち）帝の母。孝欽顕（こうきんけん）皇后または慈禧（じき）太后とも呼ばれる。

第3章

中国の民主化運動はなぜ失敗を繰り返すのか?

——ダライ・ラマ効果、ジャッキー・チェン、劉暁波殺害

★お家芸「弾圧」の幕開けとなった〝毛沢東の罠〟

前章では、なぜ中国の体制がこれほど強固なのか、独裁体制にもかかわらずなぜ多くの人民が現政権を支持しているように見えるのかについて分析してきた。そして、きわめて可能性が低いシナリオではあるが、圧倒的な権力を手中に収めた習近平が、上からの政治改革を行う可能性について検討した。

そこで本章では、逆にそうした強権的な共産党政権を、なぜ国民が許してきたのか。あるいは、私が今も取り組んでいる民主化運動が、なぜうまくいかないのか。自分の身を切りながらお伝えしたい。

前章では中産層のおよそ20%、約3000万人が現体制に積極的な不満を抱く人々であると指摘した。実は中華人民共和国建国以来、常にこうした不満を抱く人々は存在してきた。**1949年の建国以来の約70年間は、体制に不満を抱く少数派を弾圧してきた歴史**といっても過言ではない。

1950年代には反右派闘争が起きた。簡単に経緯を説明しよう。

毛沢東は「百花斉放《ひゃっかせいほう》、百家争鳴《ひゃっかそうめい》」[1]の方針を打ち出し、人々が自由活発に意見を発表するよう奨励した。思想開放のチャンスがやってきたとして、これまで恐怖政治におびえて口をつぐんできた人々は、一気に自らの思いを吐露するようになる。

ところが、これはまさに**〝毛沢東の罠〟**だった。人々が一党独裁を批判し始めると、毛沢東は「左派」に対抗する「右派分子」が、共産党と労働者階級に挑戦していると批判。大々的な右派狩りを始めたのだ。無数の人々が労働改造[2]などの厳しい処罰を受け、被害者の数は55万人とも、300万人とも伝えられている。

1960年代には文化大革命が始まったが、この暴力的な政治運動を批判した勇気ある人物もいた。その人、共産党員でありながら公然と毛沢東を批判した張志新《ジャンジーシン》[3]は死刑となる。

さらに、文化大革命終結後の1970年代末には、中国共産党の独裁を批判する「民主の壁」運動が展開され、リーダーの魏京生《ウェイジンション》[4]は懲役15年の判決を受けた。

そして、1980年代に起こったのが、言わずと知れた天安門広場での学生運動だ。1990年代には法輪功信者による抗議運動、2000年代に入ってからは人権派弁護士による中国共産党への抵抗もあった。

このように、**どの世代においても、少なくとも全体の5%の人々は体制の欺瞞《ぎまん》に気づいていた。**そして、そのなかから勇敢なる抵抗者が出現していた。中国共産党がいかに残忍な手口で口封じを試みようとも、勇気ある抵抗者が根絶やしにされることはない。これまでも、そしてこれからもだ。

清代の文人、趙翼《ちょうよく》[5]が残した漢詩「論詩絶句」に**「江山代有人才出、各領風騒数百年」**（江山《こうざん》代《かわるがわる》才人の出る有り、各《おのおの》風騒《ふうそう》を領すること数百年）という一節がある。「この世界は各世代に人材を輩出する。各世代の人材が巻き起こした新たな風は数百年にわたり続くであろう」という意味だ。唐代の詩人、白居易《はくきょい》[6]は**「野火焼不尽、春風吹又生」**（野火《やか》焼けども尽きず、春風吹いて又生《しょう》ず）、つまり「野火も草を燃やし尽くすことはできない。春風が吹けば再び芽吹く」という意味の詩を書き残している。このように、中国政府がいかに残虐な弾圧を行ったとしても、新たな世代からは必ずや抵抗者は生まれてくるのだ。

確かに中国共産党は強大だが、新世代の抵抗者たちが過去の教訓に学び、いつの日か中国の民主化という悲願を成し遂げてほしいと願っている。その意味で、天安門事件を中心とする89学生運動の当事者であった私が、次世代の抵抗者たちに当時の歴史を伝えることは責務だと言っていい。

中華民族が世界一不幸な本当の理由

89学生運動は中国史上最大の民主化運動であったが、しかしながら参加者である学生た

ちも、そして運動を受け止める中国社会にとっても、準備不足であったことは否めない。運動の発端は、何度か述べてきたように胡耀邦の死であった。夢半ばで倒れた改革者の存在が人々の怒りに火をつけ、史上最大の運動へと発展したのだ。

あのとき、もし胡耀邦の寿命があと2年、いやあと半年でも伸びていたならば、事態はまったく違ったものになっていた可能性もある。**事件のわずか5カ月後には、ベルリンの壁崩壊から始まる東欧革命が発生。社会主義諸国は次々と崩壊し、1991年にはついにソ連が崩壊した**のだ。もしソ連崩壊後に学生運動が起きていたならば、いや、せめて東欧革命後だったならば、事態はまるで違っていただろう。

当時、世界の潮流は社会主義の崩壊へと傾いていた。そうした世界の流れがわかっていたうえで89学生運動と直面していたならば、中国共産党も武力鎮圧という選択肢はとれなかった可能性が高い。趙紫陽も世界の潮流を〝カード〟にして、改革推進を説得するチャンスもあっただろう。そこまで一足飛びに行かなくとも、もっと時間を稼いでいれば、趙紫陽ら改革派は権力を固めるチャンスがあったはずだ。

思えば、中華民族は世界一不幸な民族ではないだろうか。胡耀邦の死は、あまりにも悪いタイミングだった。そのため、**ロシアも東ヨーロッパも共産党から解放されたというのに、中国だけが取り残されてしまった**のだから……。

もっとも、運動を起こした学生たちも準備ができていなかった。彼らは純粋に胡耀邦、趙紫陽の改革プランを信じていた。世界中の支持を集めていたこともあり、よもや政府が武力鎮圧を行うとは夢にも思っていなかったのだ。

彼らは、ある意味で政府を信じていたからこそ、天安門広場の占拠という平和的抗議活動を繰り広げた。もし事前に武力鎮圧を予測していたならば、学生たちも徹底的な対抗手段をとっていただろう。当時、天安門広場には100万人もの人々が集まっていた。彼らを動員して革命に踏み切っていたならば、中南海（中国共産党の中枢がある北京の地区）を制圧するクーデターすら十分に可能だった。

それをしなかったのは、**中国共産党は最終的には自分たちの声を聞き入れてくれるという甘い見通しがあった**がゆえだ。まだ、思想的準備も十分にできていなかったのである。たとえクーデターを起こさなかったとしても、情勢が不利になる前に撤退するという判断もできたはずだ。そうすれば、天安門広場に100万人を集めるという一大イベントを実現したという実績をもって、中国共産党に強い圧力をかけることができただろうに。

撤退の判断ミスというと、2014年の香港で起きた「雨傘運動」[7]もまったく同じ道をたどった。**中国政府は香港返還にあたって、将来は行政長官及び立法会議員を普通選挙で選出することを約束。さらに香港基本法では、2007年までに普通選挙を導入すると定**

めていた。ところが、その延期が続いていたのだ。

２０１４年、ついに普通選挙導入の手続きが本格化したが、中国政府が示したプランは選挙委員会の議決によって立候補者を2～3人に制限したうえで選挙を行う、というものだった。これに怒った香港の若者たちは、**「ニセモノの選挙はいらない、真の普通選挙を求める」をスローガンに、街頭占拠という抗議活動に打って出た。これが雨傘運動**だ。

当初、雨傘運動は世論の支持に支えられていたが、膠着状態に陥ると市民生活と経済活動に支障をきたす抗議活動に対する不満が高まっていく。学生たちは、いいタイミングで撤退すれば政府と対抗するカードを持ち得たのだが、長期的な展望を持たず、ずるずると判断を先延ばししているうちに支持を失い、結局、失敗してしまった。

まさに、89学生運動を彷彿《ほうふつ》とさせる展開だ。89学生運動の若者たちも撤退の判断ができず、また政権を奪取する準備もできていなかった。学生たちは、本当に天真爛漫で単純だったとしか言いようがない。当時、天安門広場を占拠していた学生たちは取り締まり組織を作り、市民が広場に入らないように監視した。**本来ならば市民と手を組むべきだったが、エリート意識が災いし一線を引いた**のだ。

また、そもそも学生たちは〝甘ちゃん〟だった。**天安門広場では男子学生が輪を作り、そのなかに女子学生を入れていた。そうすれば女性たちを守れる、中国共産党の戦車も防**

げると思っていたのだ。

89学生運動の後、民主派は反省し、ふたつの結論をまとめた。第一に**撤退のチャンスを探るべきだったこと。**あのとき、一度引いて次のチャンスを待つのが得策だっただろう。もうひとつは**学生と市民の連携が弱かったこと。**100万人もの人間を集めたのだ。連携さえできていれば、共産党の統治を終わらせることができたかもしれないし、少なくともあの悲劇的な結末はなかったはずだ。

次の大規模な民主運動では、この教訓を生かさなければならない。軍が出動する前に、各階層の人々を巻き込んだ人民運動に発展させ政権を転覆させる。それが無理ならば、適切なタイミングで撤退する。どちらかの選択肢を選ばなければならない。進むも引くもままならないような窮地に追いやられることだけは、避けなければならない。

戦いの主人公となった市民と消えた「タンクマン」

先にも述べたとおり、89学生運動には多くの市民が呼応した。それはなぜだろうか。

文化大革命が終わり、改革開放が始まった1980年代は中華人民共和国の歴史上、最も社会に自由があった時代と言ってもいい。胡耀邦と趙紫陽が党のトップに立つなか、人々の意識も自由を求めていた。その流れが89学生運動に市民を共鳴させたのだ。

特に若き学生たちがハンガーストライキを始めたにもかかわらず、中国共産党が何ら取り合おうとしなかったことが市民の怒りに火をつけた。中国の未来を担う若者たちに何をするのだという怒りだ。市民たちは「工人連合会」（労働者連合会）、「市民連合会」などの自発的組織を結成し、運動に参加した。

軍による武力鎮圧が始まったときも、最前線で戦ったのは市民だった。もともと北京市への軍の入城を拒んでいたのも市民である。**市民たちは街を封鎖し、2週間にわたり軍を足止めしていた**のだ。そして運命の6月4日、最終的に秘密裡に軍が市内に侵入すると、市民たちは最前線で戦った。丸1日に及ぶ戦闘で多くの死者が出た。中国政府の発表では死者数は300人だが、民間調査では数千人と見積もられている。あるいは、2017年末に機密解除されたイギリスの公文書では、死者数は少なくとも1万人に上ると推定されていた。そのほとんどが市民だったのだ。

事件翌日、北京市街の道路や歩道は穴だらけになっていた。**市民たちは路面を引っぺがして、軍に投石して戦った**のだ。北京市の東西を貫く幹線路「長安街」は見る影もなかった。穴だらけの路面が続き、まるで戦争が起きたかのようだった。

しかも、市民たちが参加したのは北京市だけではない。中国全土で学生たちの抗議活動が展開され、市民たちが呼応した。北京市以上に多くの犠牲者を出した街はなかったが、それでも北京に次ぐ被害となった四川省成都市では、20人もの死者が出たと伝えられる。

事件発生時の死者だけではない。事件後も多くの人々が迫害された。人民解放軍の戦車の前にたったひとりで立ちはだかった、あの伝説的な映像の主人公**「タンクマン」**もそのひとりだ。王維林《ワンウェイリィン》（一説には張為民《ジャンウェイミン》）という名の男性だが、事件から30年近くがたった今も行方不明のままだ。最近、香港メディアが無期懲役の判決を受けて刑務所におり、近く出所すると報じたが、果たして事実かどうかわからない。**中国政府は「タンクマン」について一度も言及したことがない**のだ。逃げ延びたのか、殺されたのか、いまだに懲役中なのか、すべては藪の中だ。

民主化運動のリーダーたちについては逮捕や判決がすべて公表されているのに、彼に関してだけは公的発表がない。まるでミステリーだ。この勇敢な男性、**王維林もまた北京市民のひとり**であった。

世界を怖気づかせる「ダライ・ラマ効果」

天安門事件当時は、国際社会が中国の人権問題に注目していた。武力弾圧後、一致して中国に経済制裁を科すなど圧力もかけていた。国際社会の力が中国を変えてくれるという期待を中国の民主活動家も持っていた。

だが、現実は逆だった。今や国際社会が中国の力に屈服しようとしているのだ。ただし、それも当然かもしれない。中国共産党の最大の目的は、一党独裁を永続させることにある。**中国の経済と軍事の成長は国家のためでもなければ、民族のためでもない。党の支配的地位の維持、この一点のためだけに支えられている。**経済と軍事を強化すれば、国内に対しても海外に対しても強い姿勢で立ち向かえるからだ。

目的の実現に向かって中国共産党はしゃかりきになって経済を強化し、今では世界第二の経済体となるまでに国を豊かにした。そのカネの力で対内鎮圧、そして強圧的な対外外交を展開しているのは周知のとおりだ。

中国政府が発表する年間予算に、「公共安全支出」なる項目がある。**「公共安全」とはすばらしいお題目だが、その内実は武装警察や警察に関する諸費用、つまりは治安維持費**である。この総額が2016年度には、9228億元（約15兆7000億円）にまで膨れ上がった。国防費とほぼ同額で、2011年から2013年にかけては国防費を上回っていたほどだ。**外敵以上に人民の反乱を恐れているのが中国**だが、この巨大な治安維持費によって14億人をコントロールしている。

無論、武力を背景に対外的にも強圧的な外交を展開している。東シナ海、南シナ海、インドとの国境問題で、中国がみせた姿勢を思い出せばすぐ理解できるだろう。核兵器を筆頭に強大な武力で威圧するとともに、何かといえばすぐに経済的制裁を行う。

高高度防衛ミサイル（THAAD）配備問題後に、韓国は中国市場から閉め出され、大きな痛手を負っている。しかも、韓国企業が打撃を被ったばかりか、雇われていた多くの中国人も仕事を失ってしまった。もっとも、中国政府はそんなことにもおかまいなしだ。中国経済にも悪影響が出ているはずだが、カネは持っているといわんばかりに傲慢な制裁を続けたのである。

また、1989年にチベット亡命政府のダライ・ラマ[8]がノーベル平和賞を受賞すると、その報復として平和賞を授与したノルウェーに対し、経済制裁を行った。その結果、中国人が大好きなノルウェーサーモンが市場から一掃されてしまったのだが……。

ちなみに、**「ダライ・ラマ効果」**という言葉があるのをご存じだろうか。ある経済学者の研究によると、**一国の元首がダライ・ラマと会見すると、その後2年間にわたり中国との経済関係が低迷する**ことが統計的に立証されている。中国政府は表だって制裁しているなどとは言わないが、さまざまな場面で経済力を振りかざして、他国の批判を封じようとしているのだ。

逆に中国に従うのならば、多額の投資を行い、輸入も積極的に行う。英仏独の首脳が、かいがいしく中国を訪問するのもこのためだ。

軍事的脅迫と経済制裁、硬軟織り交ぜた手法を併用することによって、中国は国際社会の批判を封じたのである。

19世紀中頃、アヘン戦争[9]に敗北した清朝では、海外の技術を学ぼうとする「洋務運動」が行われた。そのスローガンが**「師夷長技以制夷」**[10]（夷《い》の長技《ちょうぎ》を師とし以《もっ》て夷を制す）、要するに「外国の優れた技術を学んで、外国を制圧する」ということだ。清朝は、この目的を実現することはできなかったが、中国共産党が今、この戦略を成功させている。中国市場には将来性があるとして、海外の資金と技術を招き入れて成長し、そうやって育て上げた経済力をもって、国際社会を脅迫しているのだ。

清朝が目指した「師夷長技以制夷」は、中国共産党によってはじめて実現した。となると、今の中国は滅亡した清朝の復活ともいえるのかもしれない。清朝は、満州族による征服王朝だ。漢民族は支配下に置かれていた。そして中国共産党も、ある意味では征服王朝の性格を備えている。マルクス主義、そしてソ連由来の社会主義という「外来の精神と観念」を基盤にした政権だからだ。

★日本と欧米が同じ轍を踏んだ「東郭先生と狼」

中国共産党が「師夷長技以制夷」という狡猾な手法をとっていることを、西側諸国はよく学ばなければならない。**今、中国がこれほどまでの発展を遂げたのは、日本やアメリカをはじめとする西側諸国が支援したため**だ。実際、2016年、大統領選中のトランプ大統領は、アメリカの資金で中国は再建されたと言及している。いや、アメリカだけではない。中国自らがこの事実を認めている。2008年、胡錦濤総書記は「日本の政府開発援助（ODA）がなければ今の中国はなかった」と発言しているのだ。

西側諸国の資金と技術が中国経済を発展させた。これは事実だ。中国は1980年代から急激な経済成長が始まったが、同じく改革に取り組んだ社会主義国のソ連は発展できずに苦しんだ。この差は海外からの支援があったかどうかの違いだ。

中国は、台湾と香港を改革の窓口と位置づけていた。台湾は中華民国政権の支配下にあり、香港はイギリスの植民地だったため、西側諸国からの資金が集まりやすい効果があった。そして集まったカネは、華人のネットワークを通じて中国に投資されたのだ。このように、改革開放政策における最初の外資導入は、香港と台湾を通じて行われ、その後、日本のODAとアメリカの投資が続いたのである。

中国の発展において、日本とアメリカ、香港、台湾が果たした役割はとてつもなく大きい。中国は返しきれないほどの恩を受けたはずだが、今では逆に香港の法治を踏みにじり、台湾を脅迫し、日本と対立し、アメリカの地位に挑戦しようとしている。肥大化した中国が、今や西側諸国を圧倒しつつあるのだ。西側諸国は早晩、かつての支援を後悔することになるだろう（すでにそうかもしれないが……）。

なぜ中国は、平気で恩を仇で返すのだろうか。中国人の感覚からすると、「師夷長技以制夷」は〝恩知らず〟ではない。むしろ〝聡明なやり方〟となる。恩に関する中国人の感覚を知るのに絶好の寓話がある。13世紀に書かれた「東郭先生と狼《とうかくせんじょう》[11]」という寓話だ。

あるところに、勉強ばかりで融通が利かない東郭先生という書生がいた。仕官を求めて旅をしていたときのことだ。不意に傷を負った狼が現れた。

「先生、私は今猟師に追われています。傷を負って死にかけているのです。どうか、あなた様が持っている袋に入れてかくまってもらえないでしょうか。このご恩は必ずやお返しします」

と狼は言う。狼は害獣ではあるが、あまりにもあわれだと東郭先生は願いを聞いてやった。

しばらくすると、狼を追う猟師がやってきた。「狼を見ませんでしたか？」と聞く猟師に、東郭先生は「見なかったよ。ここには来なかったのではないか」と返す。猟師は別の場所を探しに行ってしまった。

猟師がいなくなると、東郭先生は狼を袋から出してやった。すると狼は「先生は私の命を助けてくださいました。ではもうひとつ、私のために善事をしてやってはくれませんか。今、お腹がペコペコなのです。私の食事になってください」と言うや否や、狼は襲いかかった。

東郭先生は「なんたる恩知らず！　恩を仇で返すなんて」と叫びながら、慌てて逃げ出したのだった。


この「東郭先生と狼」は中国では有名な寓話だ。日本では、困っている人を助けるのはすばらしい善行だと教えられているだろう。だが、中国では異なる。狼のような悪を助けるのは分別のない行為であり、愚か者のすること。逆に言うならば、自らの本性を隠して愚か者を騙して、助けを得るのは賢明な行為ということなのだ。

つまり、**中国という狼を助けて、今、食べられようとしている日本、アメリカ、香港、**

台湾は中国人の価値観からすると、単なる愚か者にすぎない。

これだけだとあまりに身も蓋もないが、「東郭先生と狼」にはまだ続きがある。

東郭先生が今にも食べられてしまいそうになったそのとき、ひとりの農民が通りかかった。東郭先生は農民を呼び止め、事情を話した。ところが狼は、「先生に助けられたことなどない」と否定する。黙って話を聞いていた農民は「ふたりの言葉はどちらも信じられません。こんな大きな狼がこんな小さな袋に入っていたなんて。確かめたいので、もう一度袋に入ってもらえませんか」と言う。狼は同意し、先ほどと同じように袋のなかに潜り込んだ。

すると、農民は袋の口を堅く縛り、「獣は本性を変えることなどないのです。狼をあわれと思うなんて、あなたはバカなことをしましたね」と言いながら、持っていた鋤を振り下ろして狼を殴り殺した。

ようやく自らの過ちを悟った東郭先生は、農民に感謝したのだった。

この寓話と同じく、日本とアメリカには、まだ中国という狼を退治するチャンスがあるはずだ。狼を助けたのは間違いだと自覚し、悪い獣をやっつける知恵を見つけ出さなければばならない。

★なぜ香港人はジャッキー・チェンの話を嫌がるのか？

前項で香港と台湾が中国の窓口となり、経済発展に必要な資金と技術の窓口になったことを取り上げた。だが、人々が香港と台湾にかけた期待はそれだけではない。「人権」や「法治」、「言論の自由」といった西側諸国の文明を、中国にもたらす役割を果たしてくれると思っていたのだ。

実際、香港は西側諸国の言論と文化を中国本土にもたらす役割を果たしたし、中国共産党を批判するメディアも次々と登場した。天安門事件後には、多くの民主活動家が香港を通じて海外に脱出した。何を隠そう、私もそのひとりだ。

台湾は中華圏初の民主国家となった。民進党は二度にわたり政権を奪取し、平和的な政権交代を実現した。西洋人ではなく中華民族であっても民主主義は実現できる。この事実は、民主化を願う多くの中国人を勇気づけるものとなった。

だが今、その香港と台湾が窮地に立たされている。

香港の現状についてご存じだろうか？

ある日本の知人から聞いたが、日本人にとって香港のイメージといえば映画、とりわけジャッキー・チェン[12]の印象が強いという。確かに香港映画は、かつて世界の映画界のなかでも重要な位置を占めていた。だが、それは過去の話だ。というのも、香港映画の魅力は枠にとらわれない奇抜さ、発想の豊かさにあったのだが、中国によってそうした要素はすべて消されてしまったからだ。

現在でも香港映画は製作されている。だが、ほとんどが中国との合作で、中国本土での上映が前提だ。検閲制度がある中国で確実に公開するためには、中国映画と同じ作り方、すなわち企画、脚本の段階から共産党の検閲を受け入れなければならない。そのためには個性を殺して、共産党の言いなりになる必要がある。結果、**中国との合作によって香港の映画人は多額のカネを手にしたが、香港映画そのものは死んでしまった**のだ。

実は、大金を手にした香港映画スターの代表格こそジャッキー・チェン、その人である。中国映画家協会副主席という大層な肩書きを持つ彼は、正真正銘の民族主義者だ。かつて「中国人は管理される必要がある」と発言し中国共産党の支配を擁護した際には、多くの人が彼を批判した。ただし、ジャッキー自身は、特段ヘンなことを言ったつもりはないのだろう。**単に中国におもねっているだけでなく、心の底から、骨の髄まで、中華民族主義を受け入れてしまっている**のだから。

こうして中国政府に協力した彼に対し、共産党は〝見返り〟として「マーケット」を与えた。ジャッキー・チェンは共産党のイメージキャラクターになり、さまざまな場所に顔を出しては、中国政府のイメージアップのために貢献している。つまり、互いに利用し合う仲なのだ。

もっとも、すべての香港芸能人がジャッキー・チェンのように、中国に魂を売ったわけではない。むしろ**カネを失ってでも、自らの思いに誠実である人間のほうが多い。歌手のデニス・ホー**[13]**がその典型**だろう。

2014年の香港雨傘運動では、いち早く学生たちに対する支持を表明した。その結果、中国市場からは閉め出され、また中国共産党の圧力によって有名ブランドの広告契約を打ち切られてしまった。金銭的に見れば大損だが、彼女は自分の選択を後悔していないという。こうした高潔な香港の芸能人は少なくない。現に雨傘運動当時、多くの芸能人が占拠地域を訪問し、学生たちを激励したのだから。

日本人は香港の知人ができると、何かしら香港の話題を話そうと思って、「ジャッキー・チェンが大好きです」と言ってしまう。ところが、これに対し香港人は嫌な顔をする。そんなことが多いそうだ。それもそのはず、**香港人の大半がジャッキー・チェンを嫌っているのだ。**カネのために香港を売ったゴリゴリの中華民族主義者として……。

そろわぬ「天の時」「地の利」「人の和」

今、香港の若者たちは中国の経済的、文化的侵略に強い危機感を持っている。

「私たちは中国人ではない、香港人なのだ」

そう考える〝香港人アイデンティティ〟が、かつてないほど高まっているのだ。「真の普通選挙」を求めた雨傘運動の背景にあったのもこれだ。

香港という自分たちの地域を大事にしたい、守りたいという彼らの思いを私も尊重したい。その一方で、中国の民主化運動全体の観点からすると、複雑な一面もある。

元々、香港の民主派は中国本土からの移民や亡命者だ。とりわけ天安門事件以後の亡命者が、民主派の中核をなした。「香港市民支援愛国民主運動連合会」（港支連）という大型組織も結成された。彼らにとっての「民主化」とは香港だけの民主化ではなく、香港を起爆剤として「中国全土の民主化」を実現することだった。

だからこそ中国の人権侵害にも批判の声を上げ、毎年、天安門事件の抗議集会を開催してきたのだ。しかし、港支連のメンバーは今や高齢化が進んでいる。

香港の若者たちは民主派ではなく、「港独派」（香港独立派）、「自決派」（香港人の意思で香港の未来を決められる体制を求める派閥）を支持している。**中国と香港は別個の存在だという香港人アイデンティティが運動の基盤となっているだけに、中国本土の民主派と連携しようという意識は正直薄い。**

中国共産党の圧力の結果とはいえ、香港の若者たちが自ら考えたことなのだから、私には否定することはできない。致し方ないことだと考えている。中国人は香港人に頼り切ることはできないのだから。

だが一方で、無力感を覚えているのも事実だ。香港の若者たちにしても、今は瀬戸際にまで追い詰められている。2016年の立法会選挙で6人の自決派、港独派議員が誕生したが、いずれも裁判所により就任無効の判決が下されてしまった。議員就任の宣誓を規定どおりに読み上げなかったことが原因だ。就任挨拶では規定の文言があり、中国に忠誠を誓うことが求められる。これを嫌って、就任演説の際に発音を少し変えたり、間を空けたりするなどして抗議の意志を示すことは、これまでにもあったことだ。もちろん、議論を呼んだものの、処罰されることはなかった。

ところが、今回は議員就任の無効という厳罰が下されてしまった。選挙という民意の結果が、いともたやすく踏みにじられてしまう。香港の法治が危機に瀕していることの証しだ。さらに、**雨傘運動から3年もたった今になって、当時の学生運動たちのリーダーに次々**

と実刑判決が下されている。中国共産党の狙いは若者たちの参政権剝奪だ。実刑判決を受けると一定期間、立候補の権利が失われる。今回の選挙で得た議席を失っただけではなく、次回の選挙の立候補の権利まで奪うという残忍な弾圧が現在、行われているのだ。

雨傘運動のときには、香港市民の多くが学生たちを支持した。しかし、これほどの無法行為が行われているにもかかわらず、香港世論は今、沈黙している。この理由は、つまりは人間は感情的な動物だということだろう。気持ちが高ぶるときもあれば、沈んでいるときもある。それは自然なことだ。

雨傘運動は感情のピークだった。無論、ピークを過ぎれば下降線に入る。次に感情を爆発させられるようになるまでには、何年もの時間が必要だろう。いかに強圧的な仕打ちを受けようとも、社会の感情が沈滞している今は、なかなか自分の気持ちを奮い立たせることはできないのだ。

俗に、**物事を成し遂げるには「天の時」「地の利」「人の和」が必要**だという。この3つがそろわなければ、大きな運動を起こすことはできない。その意味でも、香港の運動は低迷期にあるといえよう。確かに中国共産党の横暴ははなはだしいが、幾度となく繰り返されたために香港市民はもう慣れてしまったのだ。すべての横暴にいちいち反応することはできない……。

ひるがえって考えてみれば、中国本土もまったく同じ状況だった。

89学生運動は、「天の時」「地の利」「人の和」がそろったピークだった。次に同じようなエネルギーをためるのには長い時間が必要となるはずだ。

ところが、そのことを鄧小平は理解していなかった。人間性の強さも弱さもわかってはいなかった。譲歩すればますます運動が活発化して、中国共産党の独裁体制を揺るがしかねないと恐れたのだ。だから、多大な流血をかえりみずに武力鎮圧を断行した。国際社会からも批判を浴び、中国の名声は地に落ち、制裁によって経済は低迷した。天安門事件における多大な犠牲と中国の停滞は、ひとえに鄧小平の判断ミスに起因しているのだ。

共産党幹部が手離さない〝打ち出の小づち〟

香港の話に戻ろう。かつて自由を謳歌した香港メディアすらも、今や中国に支配されつつある。メディアの35％は中国資本であり、メディア企業の管理職は85％が親中共派である。書店も大手書店チェーンはすべて中国資本になってしまった。

中国政府に批判的な書籍は、こうした書店では販売できない。反体制の本を買いたければ、小さな自由派の書店を訪ねる必要がある。自由派の書店は路面店を構える経済力がないため、たいがいビルの2階にある。ゆえに「2階書店」と呼ばれている。

中国共産党の香港支配には3つの手段がある。経済とメディア、そして軍隊だ。この力を駆使して、香港を強圧的に支配しているのだ。

独裁政権といえども、〝民に優しい君主〟というポーズをとるのはままあることだ。ところが**中国共産党は、こと香港に対しては強圧的な姿勢ばかりをとっている。その背景にあるのは中国共産党の官僚の私心**だ。

香港は自由経済都市だ。1997年の香港返還後、中国共産党の官僚たちはこの自由経済都市という特長を生かして、自らの蓄財に励んだ。マネーロンダリング、贈収賄、土地買収、株式新規上場に伴う利益獲得などなど……。とにかく、さまざまなルートを通じて、莫大なカネが中国共産党高官の懐に流れ込んだ。

彼らの不正蓄財の多くは闇に隠されているが、それでもいくつかの実態が明らかとなっている。ひとつは不動産だ。**2009年の時点で、中国共産党関連が持つ香港の不動産は全体の9％にすぎなかったが、現在ではこの数字は50％にまで上昇**している。

香港人が生活において一番不満に思っているのは、不動産価格の高騰だ。ウサギ小屋のような狭いマンションが数千万円、いや1億円を超えることすら珍しくない。一般人には、とても手の届かない金額だ。安い公共住宅も存在しているが、その数はまったく足りていない。しかも、中国本土から続々とやってくる新たな居住者たちと、公共住宅の奪い合いとなっている。狭い香港だから、土地価格が高騰するのも無理はないと思われるかもしれないが、価格高騰の最大の要因となっているのが、中国共産党高官の不正蓄財に絡む不動産購入なのだ。

不動産とともに、中国共産党高官の〝打ち出の小づち〟となっているのが株だ。**今や香港証券取引所に上場している企業の62%は中国本土の会社であり、株取引高の73%を占めている。**

中国共産党高官、いわゆる「紅い貴族」たちは、打ち出の小づちである香港を守らなければならない。民主化を許せば、自分たちの財産が失われてしまうかもしれないという危機感から、香港に対して強硬姿勢を貫いているのだ。

香港の行く末は決して楽観視できない。香港一の大富豪李嘉誠《リージャーチェン》[14]が、自ら保有する香港の不動産を手放しているとのニュースがその証左だろう。中国とのパイプがある李ですら、香港の財産を処分しているのだから。

さらに今、多くの市民が香港から脱出しつつある。香港返還があった1997年、そして、国家安全にかかわる罪を香港基本法に書き入れようとした「基本法23条[15]反対デモ」が起きた2003年に続く、3度目の香港脱出ブームが起きている。この動きを中国共産党は静観している。「香港人を追い出した後に中国共産党関係者が移り住めばいい」「これを期に香港を乗っ取ろう」と目論んでいるのである。

「中国の夢」よりはるか昔から続く「台湾の夢」

香港同様、台湾も危機にさらされている。2016年の総統選で民進党が勝利した。蔡《ツァイ》英文《インウェン》[16]総統は独立の主張を封印し、中国本土と現実路線で交渉しようとしているが、中国共産党は強硬姿勢で臨んでいる。前の与党であった国民党と同じように「ひとつの中国」原則を明言しない限り、台湾に対しては厳しい姿勢をとり続けるだろう。

今や日本も中国人観光客であふれかえっているが、この観光客ですら中国共産党にとってはひとつの武器だ。台湾に対して観光ツアーの旅客数を絞ることで、経済的圧迫を加えている。しかも、**民進党支持が強い台湾南部には観光客を行かせず、国民党の地盤である北部には一定の観光客を送り込むといった分断戦略**までとっている。さらに、企業間の経済協力、取引にまで干渉し、学術交流も断つなど、多方面から包囲網を強化しているのだ。

近年、香港と同じく台湾にも、台湾人アイデンティティが芽生え始めている。自分たちは〝中華民族〟の一員ではなく、〝台湾という固有の地域の人間〟だという意識だ。古い世代の台湾人は自分たちを中国人だと考えていた。しかし、「天然独《ティエンランドゥー》」（生まれた時点で台湾が実質的な独立状態にあった世代）と呼ばれる若き台湾人にとっては、中国と台湾は別物だ。彼らの望みは台湾の独立、または現状維持であり、中華民族全体の民主主義国家を生み出すことではない。そのため、やはり中国の民主化運動とは距離を置いている。

ちなみに、台湾の天然独と香港の港独派、自決派には大きな違いがある。台湾には過去400年間にわたり、独立建国を夢見る「台湾の夢」があった。清朝以来の400年間にわたり、常に外来政権に支配され続けてきたのだ。**先の選挙で民進党が勝利したのは、単なる中華民国の政権交代というよりも、400年間にわたる台湾自決の夢が実現しつつあることの現れ**と考えるべきだろう。

一方、香港にはもともと独立運動はほとんど存在しなかった。イギリス植民地時代は、その地位に満足していた人が大半であり、中国に返還された後も、いずれ中国本土が香港のように民主化されると楽観的に考えている人ばかりだったのだ。ところが現実は正反対で、香港の中国化が進み、自分たちの民主主義がおびやかされる事態となった。

この状況を受けて、新たに台頭したのが港独派、自決派だ。「共産党の統治を認めない」「香港人は香港のことだけを考え中国とはかかわりたくない」という発想である。新たな思想潮流だが、今では香港の若者の40％が支持しているという。これまで独立運動がなかった香港に独立を求める声が生まれたのは、ひとえに共産党による強権的支配がゆえ。そのため、**中国共産党こそ香港独立の父**だと私は敬意を表している。

★香港、台湾の中国化と共産党幹部の外国人化

さて、中国はもともと香港に適用した一国二制度の枠組みを援用して、台湾との統一を果たすつもりだった。だが、この提案は台湾側からすれば何の魅力もないため、実現の可能性はゼロに等しい。香港の法治が踏みにじられている現状ではなおさらだ。

中国がいかに強大化したといっても、武力統一は難しい。台湾の背後にはアメリカが控えており、手出しをすれば黙ってはいない。1995年から翌年にかけての「台湾海峡危機[17]」では、中国は台湾近海でミサイル発射演習を実施し、圧力をかけようとしたが、アメリカが空母2隻を派遣して台湾を防衛する姿勢を示したため、その目論見はくじかれた。

代わりに中国が狙ったのは、カネによる懐柔だ。台湾との経済関係を活発化し、中国への依存度を高めれば、自分たちの意に背くことはできなくなると考えたのだ。2008年に誕生した台湾の馬英九《マーインジウ》[18]政権は、中国と接近することで経済的果実を味わおうとした。次々と経済関係を強化していったが、この路線に台湾人は最終的に「ノー」を突きつける。

中国企業による台湾への投資など、広範な分野での規制緩和を含んだ「両岸経済協力枠組協議」（ＥＣＦＡ）の締結が決まったが、政府の意向のみで民意が反映されていないと若者たちが激怒。２０１４年春には議会を占拠する「ヒマワリ学生運動[19]」が勃発した。台湾市民の多くも学生たちを支持し、ついにＥＣＦＡは頓挫。馬英九率いる国民党は支持を失い、２０１６年に行われた総統選で敗れてしまう。

こうして、**中国共産党の甘い誘いに対し、台湾人は明確に反対の意思を示した。**ただし、そもそも今の中国共産党に統一を口にする資格があるだろうか。中国のネットには次のようなジョークがある。

台湾人、香港人に中国人になれっていうのかい？
でもさ、中国共産党のお偉いさんは家族を外国に移住させて、自分も外国のパスポートを持っている。自分たちが外国人になろうっていうのに、台湾人や香港人に中国人になれと命令するのはおかしな話じゃないか。

中国の汚職官僚たちは、いつも不安を抱えている。今は優雅で豪勢な暮らしを続けているが、権力闘争の風向きが変わればいつ地位を追われても不思議ではない。そこで彼らは家族を海外に移住させ、資産も持ち出している。汚職官僚は〝単身赴任〟で中国に残り、せっせと不正蓄財に励み、頃合いを見計らって海外に移住するという寸法だ。外国に逃げようという官僚がごまんといる国に、統一されたいと思う人々などいるはずもないだろう。両会（毎年3月に北京で開催される全国人民代表大会、全国政治協商会議の総称）には多くの官僚、国有企業経営者、幹部が集まるが、中国のネットユーザーは「欧米学校の保護者会」だと揶揄している。彼らの子どもたちの大半が留学しているという意味だ。

また、2012年の薄熙来事件の公判において、薄熙来の妻・谷開来《グーカイライ》[20]は「薄谷開来」という夫の名字と自分の名字を合わせた不思議な名前で出廷した。実は谷開来はシンガポール国籍を取得しており、その際に登記した名前だったのだ。谷だけではない。中国の高官と家族は、ほぼ全員が外国のパスポートを所有している。台湾人、香港人がこんな国に統一されたいと思うだろうか？

中国本土、香港、台湾の民主派は一定の連帯を持っていた。私も香港、台湾に多くの友人がいる。おのおのが目指すところが完全に一致していたわけではないが、それでもつながりはあった。だが、この絆が年々薄くなっている。特に香港と台湾の若い世代は、新たなアイデンティティに従って活動しており、目指す目標が大きく異なっている。

中国には**「人は類をもって集まり、物は群をもって分ける」**ということわざがある。日本では「牛は牛連れ、馬は馬連れ」というそうだ。同族は自然と集まるという意味である。民主派同士は自然と仲よくなるが、新世代の独立派が中国の民主派と一線を分かつのも無理はない。それでも、中国共産党の圧倒的圧力に立ち向かっている者同士の精神的な連帯感は存在すると信じたいが……。

今や台湾の民主派が中国本土に与える影響力は、ほとんど失われてしまった。だが、それでも中国共産党は神経を尖らせている。これを的確に描いた面白いジョークがある。

河南《かなん》省鄭州《ていしゅう》市のある団地に1台の廃車が捨てられていた。住民がいくら苦情を言っても、政府は取り合ってくれない。とうとう10年間も放置されたままとなった。そんなある日、聡明な住民がいいアイディアを思いついた。その廃車に「台湾の民主は中国の灯台だ」とペンキで大書したのだ。そうすると、あっという間に廃車は撤去された。住民たちは「台湾の民主はすばらしい！　はるか彼方から私たちの団地を助けてくれるなんて」と喜び合った。

こんな内容だ。まったくの笑い話だが、中国共産党がどれほど台湾民主派による大陸への浸透を恐れているかの証左とも言えるだろう。

★劉暁波〝殺害〟事件の真相

2017年7月13日、ノーベル平和賞受賞者でもある中国の民主活動家、劉暁波が死亡した。死の直前になって病院での治療が認められたが、ほぼ獄死と言ってもよかろう。**ノーベル平和賞受賞者の獄死は、ナチス・ドイツによって迫害されたカール・フォン・オシエツキー（1938年没）以来ふたり目**だ。

なぜ、このような悲劇が訪れたのか。この事情を知るためにはまず、中国共産党の思考法を知る必要がある。彼らは世界の出来事を解釈するとき、〝主流〟とはあべこべの発想をするのだ。ソビエトの解体、東欧の民主化は世界では「人民の解放」として解釈されたが、中国共産党にとっては自分たちが避けるべき「教訓」として受け取られた。その後、一党独裁の政治体制を強化していったのは、広く知られているとおりだ。

ノーベル平和賞についても同様だ。南アフリカのネルソン・マンデラは、のちに民主化された南アフリカ共和国の大統領となった。ミャンマーのアウン・サン・スー・チーも、国のトップに立った。チベットのダライ・ラマは、世界に影響力を持つ重要人物となった。世界の人々は、こうしたノーベル平和賞受賞者を尊敬しているが、中国だけは自国からこのような人物が現れてはならない、もし現れたならば殺すしかないと考えるようになったのである。

中国共産党の幹部にとって、一党独裁の維持こそが至上命題だ。そのためには、民主派の団結を妨害しなければならない。民主派が団結し、勢力を拡大させるようなことがあってはならないのだ。

今、散り散りの中国民主派だが、人望あるリーダーが登場すれば団結する可能性は十分にある。ノーベル平和賞を受賞したことで、リーダーの最有力候補に浮上したのが劉暁波だった。また、世界はノーベル平和賞という〝看板〟が、劉暁波の身を守る〝盾〟になるとも考えたのである。

だが、周知のとおり現実は逆だった。**「こんな危険な人物は殺すしかない」。中国共産党はそう決めた**のだ。彼らは「劉暁波は最良の治療を受けている」と発表してきた。栄養十分な食事を与え、最高の医療機関で検査も実施している。本や新聞を読めるようにし、肉体労働も強要していない。そう発表してきたのだ。国際社会もその言葉を信じた。よもや世界の尊崇を集めるノーベル平和賞の受賞者を殺害する計画が着々と進んでいるなど、想像もしなかった。

だが、もし本当に最良の医療機関で検査と治療を受けていたならば、突然、末期の肝臓がんになるなどということがあるだろうか。当たり前の話だが、肝臓がんは一夜にして末期まで進行するような病気ではない。本当に健康診断をきちんと行っていたならば、間違いなく早期発見ができていたはずだ。彼らの口先だけの説明は、逆に劉暁波を殺害した証明ともいえる。

国際社会は、中国共産党の邪悪さを知らなすぎる。その力を知らなさすぎる。中国人は言う。**「あなたが思いつくこと、そのすべてを中国共産党はやってのける」**と。大胆さ、残忍さにおいて中国共産党は世界に比類なき存在だという意味だ。

劉暁波殺害の決定を下したのは習近平ではない。その前の指導層のはずだ。劉暁波が逮捕されたのは２００８年、ノーベル平和賞の受賞は２０１０年だ。いずれも胡錦濤体制の時代である。

私の推測では、**劉暁波の死は周永康《ジョウヨンカン》[21]中国共産党中央政法委員会書記（当時）が発案し、胡錦濤体制の最高指導部、9人の中国共産党中央政治局常務委員の総意で決まった**のだと思う。習近平、李克強も常務委員のメンバーだった。２０１２年に習近平体制に移行した後も、殺害計画は継続されていたというわけだ。

では、どのようにして殺害を試みたのか。間接的殺人と直接的殺人、ふたつの可能性が考えられる。前者は**劉暁波の身体的異変を察知しながらも、末期の肝臓がんになるまで治**

療せずに放置し続けたというシナリオだ。自らの手を汚したわけではないが、死に至ることを知りつつ放置したのだ。

後者はより悪質だ。**肝機能の衰退を知り、がんを誘発するような薬剤を投与して、肝臓がんを作り出した**というシナリオである。劇薬を使うのは、あまりにもあからさまだ。だから、**何年もかけて病気にかかったかのように見せかけて殺害**するという手法がとられたのだ。

ノーベル平和賞受賞者が末期がんになったとのニュースを受け、アメリカやドイツは先端的な治療を施したいと手を上げた。家族も出国を望んでいたが、中国政府はこれを許さなかった。もし、海外で治療を受けたならば、毒を投与していたことがバレてしまうからではなかったか。また、劉暁波の死後、中国政府は遺族の反対もかえりみず、速やかに火葬し海洋散骨を行った。これもまた証拠隠滅が目的ではないのだろうか。

もうひとつ、中国政府は〝聖地〟を作りたくなかったのだろう。劉暁波の墓を作れば、その場所が中国の民主活動家にとっての〝聖地〟となってしまうからだ。だから劉暁波は、異様な早さで海洋散骨されなければならなかった。まさに「徹底的な邪悪」と呼ぶにふさわしい発想だ。

中国共産党が情報を公開しない限り、間接的殺人と直接的殺人、どちらの手法がとられたのかは藪の中だ。だが、いずれにせよ、彼らが劉暁波を殺したことに疑いの余地はない。

ふたりの忠臣の命を奪った毛沢東の残忍な手口

日本の読者には、こうした話をにわかには信じられない方もいるだろう。だが、このような残忍な手段は、中国共産党の歴史においてすでに前例がある。1976年、死期を悟った毛沢東は華国鋒《ホワグゥオフォン》[22]を後継者に指名した。だが、華国鋒は傀儡にすぎず、本当は自身の妻の江青に権力を継承させるつもりだった。江青の次はおいの毛遠新《マオユエンシン》[23]が継承する。すなわち**毛沢東一族が権力を世襲するつもりだった**のだ。

そのためには邪魔者を消す必要があった。ターゲットとなったのは、建国の功労者である朱徳と周恩来《ジョウアンライ》[24]首相だ。彼らふたりは人望が厚い。毛沢東が後継者を定めても、彼らが生きている限り、ひっくり返される可能性があると考えたのだ。だから、自分より先に死んでもらわなければならない……。

では、毛沢東はどのような手段をとったのか。

周恩来殺害の手段は治療放棄だった。周恩来は膀胱がんを患っていたが、治療を許されず、ついには悪化して死去してしまったのだ。

一方、朱徳を殺した手段はもっと残忍である。90歳という高齢の朱徳を外賓との謁見という名目で人民大会堂に呼び出した。外賓の到着が遅れているとウソをついて待たせたが、その間クーラーを入れずに汗だくにさせた。その後にクーラーを最低温度に設定し、朱徳を体調不良に追い込んだのだ。若者ならばいざ知らず、90歳の老人にはとても耐えられぬ仕打ちだった。

帰宅後、**朱徳は体調を悪化させて病院に運ばれた。ところが、病院に保管されていたはずの朱徳のカルテが見つからない。医者はそれを理由に治療せず、3日後に彼は死亡**した。朱徳の妻、康克清《カンクーチン》[25]は間違いなく暗殺だったと語っている。しかし、真相は闇に葬られ続けるだろうとも話している。

習近平は毛沢東を模倣している。自らの権力をおびやかす人物はすべて失脚させ、殺害しているのだ。最初の挑戦者は、前述の薄熙来だった。彼は無期懲役の判決を受けたが、いずれ獄死する可能性が高い。一部メディアは、劉暁波と同じく肝臓がんを患ったと報じているが、これは偶然の一致だろうか。

そして、劉暁波。習の権力を守るためには殺さざるを得ないが、しかし獄死させては英雄にしてしまう。そのために、手の込んだ手法をとらざるをえなかった。ただし中国には、〝悪辣〟としか言いようのない数々の手段が受け継がれている。中国古代の帝王術に、そのすべてが収められているのだ。

たとえば、ライバルを殺しまくった人物といえば、日本でもよく知られている三国志の曹操《そうそう》が挙げられる。彼は反逆する可能性がある人間を皆殺しにした。唯一、難を逃れたのが無能の臆病者を装った劉備《りゅうび》だった。劉備は蜀漢《しょくかん》の皇帝となり、曹操と天下を争うライバルとなる。「あのとき、殺しておけばよかった」と曹操はほぞをかんだことだろう。

この教訓を習近平はよく学んでいる。わずかたりとも将来の憂いとなるような人物は、習近平の粛清の刃から逃れることはできない。劉暁波も、そのひとりだった。

劉暁波の何を評価すべきなのか？

劉暁波は高潔なる思想家だが、彼の持つ価値はそれだけにとどまらない。彼はいわば天安門事件の象徴だ。彼はノーベル平和賞を個人として受け取ったのではない。1989年に亡くなったすべての人々、子どもを亡くした天安門の母たち、事件後も中国の民主化をあきらめずに闘う民主化運動闘士、それらすべての人々の代表として受賞したのだ。

天安門事件とその後の民主化運動の象徴となった劉暁波の死は、海外民主化運動の関係者にも大きな衝撃を与えている。彼は平和と非暴力、理性を貫く抗議活動を訴えていた。

しかし、劉が死んだ今、果たして平和主義的な路線が力を持ちうるのか、疑問視する声も高まっている。中国共産党という悪と対峙するためには、やはり暴力しかないのではないか。そう訴える人々との間で議論が始まっている。

だが、1949年の新中国成立以来、中国共産党はずっと暴力と恐怖で大陸を支配してきた。人々の心は恐怖で凍りついている。今さら、武装闘争路線で抵抗活動しても、おびえた中国本土の人々がどれほど支持してくれるのだろうか。

私個人は劉暁波の平和、理性、非暴力の路線を尊重している。劉は、中国共産党が平和的に自己改革することを望んでいた。これは国際社会の主流派とも合致した見方であり、だからこそノーベル平和賞を受賞できたともいえる。

ただ、そんな彼にも誤算があった。それは、中国共産党がどれほど邪悪なのかを見誤った点だ。かつてアパルトヘイトを断行した南アフリカの政権と比べても、あるいは長年独裁体制を守り続けてきたミャンマーの軍事政権と比べても、中国共産党の邪悪さは際立っている。いかに劉が素晴らしい理念を唱えたとしても、彼らは耳を傾けるはずもなかった。

それはさておき、私が劉暁波の思想をどのように評価しているかについても、お伝えしておこう。劉暁波は、とにかく比類なき偉大な人物だ。私は中国で2回懲役刑を受け、計4年半を牢屋で過ごした。その後、アメリカに亡命している。一方、劉暁波は4回の懲役刑を受け、天安門事件以後の多くの時間を牢獄で過ごした。彼にも、アメリカに亡命するチャンスはあったはずだ。だがそうしなかった。

「中国で自由を求める人々は消極的だ。だから、積極的に戦う人が必要なのだ。道に殉ずる人が現れれば、中華民族の道徳が救われる」

劉がよく話していた言葉だ。自らの言葉どおり、彼は殉教者となる道を選んだ。獄死する可能性も予見していたはずだが、それでも逃げなかった。殉教者によって中華民族の道徳が救われるという予言が実現するかどうかはまだわからないが、自らの信念に殉じた勇気には驚嘆するほかない。

劉のノーベル平和賞受賞は、直接的には2008年に発表した「零八憲章」の功績を認められたためである。「零八憲章」は一党独裁の終結、三権分立、民主化推進、私有財産の保護、人権状況の改善などを求める内容だ。

もっとも、この内容自体は決して画期的なものではない。ある台湾の知人に聞いたが、「零八憲章」の条項のほとんどが台湾ではすでに実現している。日本もそうだろう。先進国、西側諸国ならば、ごくごく当たり前の理念が書かれているだけなのだから。中国の民主派は1989年以来、いくつもの憲章を発表してきた。「零八憲章」もあくまでそのなかのひとつというのが、発表当時の私の認識だった。

ただし、**他の憲章との唯一にして最大の違いは、ネットでの署名を呼びかけた点**だ。単に自分の意見を発表するだけならば黙殺するだけでいいが、署名という形で政治運動化するならば弾圧するほかない。これが中国共産党の考えだった。

1977年、チェコスロバキアでは反体制派による「憲章77」が発表された。人権弾圧に対する抗議の声明だ。この文書は広く出回り、チェコスロバキア内外に大きな影響を与えている。「憲章77」の発起人のひとり、ヴァーツラフ・ハヴェルはのちにチェコスロバキアの大統領に就任した。中国共産党は、この再現を恐れたのだ。

前述のように「零八憲章」の内容そのものに新規性はないが、劉暁波の高潔な生き様とノーベル平和賞受賞によって中国では貴重な文献となり、歴史的価値を得たのである。

★誰が「中国各省の独立」という〝トンデモ発言〟をしたのか

ネット署名という手法を中国共産党が恐れたと説明したが、まさに**2000年代の中国共産党はネット世論におびえる日々**を過ごしていた。新中国成立以来封じ込めてきた、自由な言論が復活しつつあったからだ。だからこそ中国共産党は巨額の資金を注ぎ込み、世界で最も先進的なネット検閲技術を開発してきた。

習近平は総書記就任後、さまざまな行政運営グループのトップに就任し権力の掌握を進めてきたが、そのひとつに２０１４年春に結成された中央インターネット安全・情報化指導グループがある。経済運営や軍事改革と並び、ネット検閲も最重要課題のひとつと位置づけられたのだ。

もともとインターネットは国境を越えて、自由に情報が飛び交う新たな技術だ。中国共産党はネットの思想に対抗し、電子空間に国境線、「万里の長城」（グレート・ファイアウォール）を築こうとしている。人類の進歩に抗おうとしているとも言えよう。

私は２０１３年に台湾、香港で『仮如中美開戦』という本を出版した（邦訳は『日米中アジア開戦』文藝春秋、２０１４年）。そのなかで、アメリカ政府か日本政府、あるいはアメリカの大手ＩＴ企業が、ネット検閲を突破する新技術を開発すると予測した。この予測は次第に現実に近づきつつある。米検索大手グーグルは人工衛星を活用した、既存インフラに頼らない新たなインターネット網を構想している。従来のネット回線は政府の規制から逃れることはできないが、人工衛星を使った無線回線ならば妨害することは難しい。

中国共産党が、そうしたネットの進化におびえるのも当然だ。もし検閲が打破されて、自由な言論が実現すれば、彼らの一党独裁体制は長続きすることはないだろう。**14億人民が真実を知り覚醒したその日こそ、中国共産党の終焉**だ。２０１３年当時は空想的とも思われた私の予測は今、現実に近づきつつある。

さらにもう一点、劉暁波の思想についてお伝えしたいことがある。劉暁波の死後、中国共産党はさまざまなルートを使って、劉をおとしめようとした。そのなかのひとつに、**「中国が変わるには300年間の植民地となる歴史が必要だ」**という彼の発言がある。

この発言そのものは捏造ではない。1988年、劉暁波は香港を訪問した。その際、香港誌が行ったインタビューの一節だ。イギリスの植民地だった香港の状況、経済、教育、道徳、社会文明を見て、劉暁波は中国本土よりはるかに進んでいると衝撃を受けた。その衝撃を素直に吐露したインタビューで、「中華民族が変わるためには300年間の植民地体験が必要だ」と話してしまったのだ。この言葉だけを見れば、〝売国奴〟と思われても不思議ではない。

ただ、彼がまだ若かったこと、衝撃を受けて感情的になっていたことを割り引いて考える必要がある。この言葉が、劉の政治思想の根幹とは言いがたい。確かに、当時の中国の状況に落胆していた側面はあっただろう。だが、インタビューの翌年、89学生運動を見て劉も考えを改めた。中国人には自らを変える力があると確信したのだ。

本当に中国に絶望したのならば、劉には出国する機会があった。劉ほどの人望があれば、海外で歓待されたはずだ。幸せな生活も送れたはずだ。だが、劉は中国にとどまり、自由

のない苦しい生活を送ることを選んだ。一生を中国の民主化にささげたのだ。

インタビューで一度だけ話した言葉で、劉の思想と人生を否定するのはあまりにもアンフェアだといえよう。しかし、中国共産党は卑劣にも、この言葉を繰り返し喧伝し、偉大な思想家をおとしめようとしているのだ。

だが、実は毛沢東はもっと〝ひどい発言〟をしている。かつて毛沢東は言った。

「中国各省は独立するべきだ。27の国々に分かれるべきだ」

今なら国家転覆煽動罪で逮捕されるような発言だ。それだけではない。中国国民党の統治を不満に思った毛は、**「中国はロシアと日本に占領されるべきだ」**とも発言している。まさに〝売国奴〟そのものだが、中国共産党はこの発言をひた隠しにしており、ほとんどの中国人は知らない。これが歴史の真実なのである。

第3章 注

P100▼ **1.** 百花斉放、百家争鳴　1956年から翌年にかけて行われた政治運動。百花運動とも呼ばれる。「中国共産党に対する批判を歓迎する」とし、これを受けて国民はさまざまな意見を発表したものの、その方針は間もなく撤回され、結局共産党を批判した者は反右派闘争で激しく弾圧された。

P101▼ **2.** 労働改造　中国の各地方政府が、「社会秩序を乱した」との理由で裁判抜きで国民に強制労働を課せられる制度。「人権侵害の象徴」と言われた。国内外の圧力により、2013年に開催された第18期中央委員会第3回総会において、廃止が決まった。

3. 張志新（Zhang Zhixin）　1930〜1975。遼寧省党委宣伝部幹事などを歴任。文革中の69年、毛沢東を批判したため6年間にわたって監禁され、のちに処刑された。

4. 魏京生（Wei Jingsheng）　1950〜。文革期は中国人民大学附属中学校で紅衛兵として活動。73年から北京大学で歴史を学ぶ。「民主闘士」と称される中国民主化運動のシンボル的存在。

P102▼ **5.** 趙翼　1727〜1812。清朝時代の著述家。歴史書『二十二史箚記』などを残す。

6. 白居易　772〜846。唐代中期の詩人。「長恨歌」など数多くの詩を残し、紫式部ら日本の文学にも多大な影響を与えた。

P104▼ **7.** 雨傘運動　2014年9月に香港で始まった民主化要求運動。警察の催涙スプレーに、民主派のデモ隊が雨傘を開いて対抗したことから、こう呼ばれるようになった。

P110▼ **8.** ダライ・ラマ　1935〜。チベット仏教ゲルク派の高位のラマであり、チベット仏教で最上位クラスの名跡のこと。現在はインド北部のダラムサラで亡命政府を開いている。

P111▼ **9.** アヘン戦争　清へのアヘン密輸販売で巨利を得ていたイギリスと、アヘンを禁止していた清の間で1840年から2年間にわたり行われた戦争。これに敗れた清はイギリスに香港を割譲した。

10. 師夷長技以制夷　清朝の思想家、魏源が主張した維新、西洋化を訴える理念のこと。『海国図志』に登場する。

P113▼11. 東郭先生と狼　中国の昔話。13世紀、明代の馬中錫が著した『東田伝』に登場する。

P117▼12. ジャッキー・チェン（Jackie Chan Kong Sang、成龍、チェンロン）　1954～。香港出身の世界的映画俳優。全国政治協商会議の委員を務めるなど、中国本土、共産党と太いパイプを持つ。

P118▼13. デニス・ホー（Denise Ho Wan-si、何韻詩、ホー・ユンシー）　1977～。香港の歌手、女優。雨傘運動への支持を表明したところ、CM契約を打ち切られるなどの報復を受けた。

P124▼14. 李嘉誠（Li Jiacheng、広東語：レイ・カーセン）　1928～。香港最大の企業集団・長江実業グループ創設者兼会長。米『フォーブス』誌の2013年度世界長者番付によれば、資産310億米ドル、世界8位の富豪である。

15. 基本法23条　香港の憲法である「基本法」に記された政権転覆や国家分裂の反体制行為を禁じる23条を具現化するための条例草案のこと。

P125▼16. 蔡英文（Cai Yingwen）　1956～。国立台湾大学法学部を卒業後、米コーネル大学ロースクールで法学修士、英ロンドン・スクール・オブ・エコノミクスで法学博士号を取得。中華民国総統、民主進歩党主席。行政院副院長（副首相級）などを歴任した。

P127▼17. 台湾海峡危機　1950年代から1990年代にかけて中国（大陸）と中華民国（台湾）の間での軍事的緊張状態の総称。四度にわたり緊張が高まったが、アメリカの介入などにより全面戦争には発展しなかった。

18. 馬英九（Ma Yingjiu）　1950～。ハーバード大学で法学博士号。中華民国総統（第12、13代）を務めた。対中関係の緩和政策によって台湾の経済回復を進めた。2009年、台風災害に対する政府の被災地での救援活動の遅れで民意を失い、16年、蔡英文にその座を譲った。

P128▼19. ヒマワリ学生運動　2014年3月18日に、台湾の学生と市民らが、立法院を占拠した学生運動から始まった社会運動。

P129▼20．谷開来（Gu Kailai）　１９５８～。北京大学法律学部卒。弁護士。86年に薄熙来と結婚。98年にアメリカの民事訴訟で中国企業を弁護し勝訴に導き、話題となる。２０１１年に愛人であったイギリス人ニール・ヘイウッドを毒殺。この事件が薄熙来失脚へとつながっていった。

P133▼21．周永康（Zhou Yongkang）　１９４２～。第17期中央政治局常務委員。党内序列は２０１２年の時点で第９位。２０１５年６月、汚職により無期懲役刑が下された。

P135▼22．華国鋒（Hua Guofeng）　１９２１～２００８。毛沢東死後の最高指導者。国家主席、中央軍事委員会主席、国務院総理（首相）などを務めた。

23．毛遠新（Mao Yuanxin）　１９４１～。毛沢東の甥。文革期の政治指導者。

24．周恩来（Zhou Enlai）　１８９８～１９７６。１９４９年、中華人民共和国建国されて以来、死去するまで一貫して政務院総理・国務院総理（首相）。72年に、田中角栄首相と日中共同声明に調印した。

P136▼25．康克清（Kang Keqing）　１９１２～１９９２。中国の政治家、朱徳の妻。31年中国共産党入党。政治協商常務委員、党中央委員、人民代表大会常務委員などを歴任。82年中国婦人代表団団長として訪日。85年引退。

第4章

海外の中国人は なぜ母国に声を上げないのか？

――離間の計、海亀派、郭文貴

★ 1989年がピークだった中国を外から変える動き

亡命者など海外に居住する華人による外からの中国民主化運動、いわゆる「海外民運」は今、岐路に立たされている。多くの組織、派閥に分裂し、団結することができていない。さらには、民主化運動家をかたって詐欺を働く者までいる始末だ。

「民主化運動家は口ばかり。お山の大将になりたがる小物ばかりで、中国の民主化など実現できようはずもない」

こんな陰口も叩かれている。

私はあらゆる組織、派閥に属していない独立した評論家、海外民運人士ではあるが、しかし現状に胸を痛め、責任を感じている。海外民運の状況について説明することは、私にとって容易なことではない。厳しい現状に向かい合わなければならないからだ。

だが、なぜ中国の民主化が困難に直面しているのか、という状況を説明するにあたり避けては通れない話題といえる。ここで海外民運の歴史と、隘路《あいろ》に陥った事情について説明しよう。

海外の中国民主化運動、いわゆる「海外民運」は1983年、カナダに留学した王炳章《ワンビンジャン》[1]博士によって創設された組織「中国民主団結連盟」（民連）を起源とする。同連盟はニューヨークに本拠を置き、雑誌『中国の春』を刊行した。アメリカに留学した研究者、学生などが続々と加盟していく。のちに民連主席に選出された胡平《フーピン》[2]氏が、その代表格だ。

1989年、中国で史上最大の民主化運動が起きると、海外民運も最高潮に達する。世界各国で華人はデモや集会を開催し、中国の民主化運動と天安門の学生たちへの支持を呼びかけた。

天安門事件のリーダーたちは懲役刑を受けた者もいれば、海外に亡命したものもいた。初期の亡命者は柴玲《チャイリン》[3]、ウーアルカイシ[4]、厳家祺《イエンジャーチー》[5]、陳一諮《チェンイーズー》[6]、万潤南《ワンルンナン》[7]らだ。懲役刑を受けた後に亡命したケースとしては、魏京生、王丹《ワンダン》[8]、徐文立《シューウェンリー》[9]、劉青《リウチン》[10]、王有才《ワンヨウツァイ》[11]らが挙げられる。私、陳破空もこのひとりだ。

亡命者は海外民運と合流し、海外でもリーダーとしての役割を果たしていく。海外民運の使命は中国国外で民主化運動を堅持し、在外華人の参加を促し、国内の民主化運動を支援することにあった。

しかし海外民運は、1989年をピークに低迷へと転じる。その要因は、きわめて複雑だ。大きな要因は、中国経済が台頭し瞬く間に経済大国となり、強大な国力と軍事力を手に入れたことにあるだろう。中国共産党はその手中に収めた巨大なリソースを用いて、国内の不穏な動きを鎮圧し、対外的には威嚇的な強硬姿勢を示した。

つまり、中国人民のみならず、世界各国をも恐れさせるほどの力を手に入れたのだ。西側諸国による中国への圧力は次第に弱まり、中国の怒りを買わないように振る舞う政治家が増えていった。これに伴い、各国政府の中国民主化運動に対する支持も失われていった。

★民主化運動を分断するスパイと「離間の計」

一方で別の側面もある。海外民運には創設当初から、中国共産党のスパイが忍び込んでいたのだ。支持者のフリをしたスパイである。海外民運の会議は大半がオープンなものだったため、スパイは自由に出入りできた。そうしたスパイたちは、ただ情報を収集するにとどまらない。**海外民運内部の亀裂を作り出す「離間の計」をも仕掛けていたのだ。派閥を作り、別の派閥と争うよう仕向けた**のである。

馮《フォン》という人物がいる。もともとは留学生で、プリンストン大学近辺に住んでいた。民連に加入し前述の雑誌『中国の春』の編集まで務めたが、実はベテランのスパイであった。彼の策略によって、王炳章と胡平をリーダーとする派閥が争うようになり、民連は分裂する。馮は天安門事件当時、民運関係者を装い、積極的に活動するそぶりを見せていた。実際にやったことといえば、民運の破壊だけだったのだが……。

彼は他のスパイと同じく、民運代表という肩書きで1993年に米ワシントンで開催された民運大会に参加している。そこでの工作活動は驚くべきものだった。彼は水面下で工作活動を続け、煽動工作と離間の計を通じて、いくつものトラブルと内紛を作り出した。その**大会は民運の大同団結を目的としたものだったが、結果はというと、団結するどころかさらに亀裂が深まり、民連、民陣、民聯陣という3団体に分派する結果に終わった**のだ。

このように、中国共産党による妨害活動の一環として、海外民運組織の「双子」作りがある。ある組織の内部に派閥を作らせ、対立するよう仕向けるのだ。その結果、組織は実質的な分裂状態となる。海外民運団体のひとつに「民主中国陣線」という団体があるが、これまでに幾度となく分裂を繰り返してきた。常に、複数の「民主中国陣線」が存在しているのだ。

それぞれが自らを「本家」と名乗り、他を「違法組織」と罵る。こうした不毛な争いが終わることなく繰り返されてきた。「中国民主党」という団体に至っては、こうした内部の亀裂はより凄まじく、本来の活動はまったくできないまま、内ゲバに明けくれている。また、ある組織は成立するや否や内部分裂が起き、あっという間に自然消滅してしまった。

莫大な資金を握る中国共産党は、海外民運の一部派閥に資金援助を行うケースもある。その場合、派閥のリーダーや主要人物は、すでに中国共産党の手の者に変わっていることがほとんどだが、彼らは海外民運の主流派のように振る舞う。そしてしまいには、海外民運を中国共産党の支配下に置こうとしているわけだ。

Wという人物もいる。北京市出身の「著名民運関係者」との触れ込みで、海外民運主流派のリーダーなど多くの役割を果たしてきた。しかし、今では民運関係者の多くが彼の本性を見抜き、距離を置き始めている。

★民運内部で繰り広げられる〝悪性の競争〟

ここまで中国の強大化、中国共産党のスパイという、海外民運を阻害するふたつの要因について説明してきたが、しかしながらこれらはあくまで〝外因〟である。海外民運がうまくいかない最大の理由は内部にある。民主活動家の器、品格、能力こそが、海外民運衰退の最大の原因なのだ。

「文人、互いに軽んず」という言葉がある。中国の士大夫は、自分以外を下に見ようとする悪癖があるという意味だ。これは海外民運にも共通している。**海外民運の参加者は、ほ**

とんどが知識人である。嫉妬心と負けん気が強い。すぐにいさかいが起き、協力していくのが難しい。足の引っ張り合いをすることすらある。こうして〝悪性の競争〟が展開されるのだ。

民運関係者も中国人であり、当然、中国人の悪い部分を引きずっている。民運関係者の一部は民主化社会に来たというのに、中国生活時代の悪癖を残したままなのだ。

民運関係者は、共産党が統治する中国で育ってきた。そのなかで民主の理念に目覚め、独裁に抵抗する決意を固めた。しかし、それにもかかわらず、思考は中国共産党の影響から抜け出せないままでいるのだ。

中国共産党に反対しながらも、自らの行動や発想は中国共産党と「瓜二つ」になってしまう。わがままで、異なる意見を聞くことができず、闘争心だけがやたら強い。すぐに人を裏切りいさかいを起こす。民運関係者と意見が合わなければすぐに仲間割れし、戦いにまでいたることもある。自らへの批判を一切受け入れられない者もいる。批判を聞くとすぐに口汚く罵り、「あいつは中共のスパイだ」と言い立てるのだ。本当はスパイではないと知っておきながら。

また、最低限の道徳すら失ってしまった極悪人も、少数とはいえ存在している。数が少ないながら、その影響力は甚大であり、海外民運の信頼を損ねる原因となっている。彼らの問題は、目的と手段を逆転させてしまったことだ。中国の民主化こそが目的であり、資金調達は手段だったはず。ところが彼らは、民主化をスローガンにしつつ、自らの蓄財を目的としているのだ。

ニュージャージー州に住む馮（P150の馮とは別人）という人物は、海外民運の活動家として知られている。同時に、何十軒もの不動産を持つ資産家でもあり、新たに亡命した海外民運関係者に安く家を貸す篤志家としても知られている。

その一方で、彼は海外民運のトラブルメーカーでもあった。ある派閥に肩入れしては別の派閥を猛攻撃するなど、海外民運の分裂をもたらす存在だったのだ。当初は彼の性格のせいかと思われていたが、のちに**実はスパイであることが判明。一説には、部長級（閣僚級）という高い待遇を受けている**とされる。

資産もビジネスで稼いだと見せかけているが、中国政府からの資金提供があった可能性が高い。この事実が知れ渡ると、海外民運関係者は彼から遠ざかるようになったが、それでもアメリカに来たばかりの親民主の中国人は彼に騙されてしまう。

もうひとり、唐《タン》というアメリカ在住の民主化運動家も、海外民運関係者を装う悪辣なスパイの典型だ。

唐は20年以上も海外民運にかかわり続けているが、他人からカネをだまし取る腹黒さでよく知られている。そのため、民運の主流派からはのけ者にされたが、のちに法輪功に接近。その名を借りて各種の抗議活動を行っている。だが、法輪功の信者の寄付を着服したことが発覚し、法輪功にも立ち入れなくなった。

唐の餌食となるのは、アメリカに来たばかりで政治亡命を希望する中国人だ。唐は「民主大学」を構築すると主張し、亡命希望者を学生として受け入れ、「亡命申請をサポートする」と言葉巧みに誘う。だが、希望者が経費を払うと唐はすぐに失踪してしまう。実はカジノで遊びほうけているのだ。

数日から2週間程度、カネを使い果たすと唐は何事もなかったかのように姿を現す。ビザの申請状況を聞かれても、のらりくらりと言い訳するばかり。

「それならばカネを返して欲しい」

と申し出ると、唐は

「お前を中国のスパイだとアメリカ政府に通報している。俺の妻は検察官だ。いつでも裁判にかけて、強制送還にしてやれるんだぞ」

と脅すのだ。こう言われるとほとんどの被害者は泣き寝入りするしかない。

人権派弁護士の軟禁と義援金着服問題の奇妙な符合

２０１７年、唐はアメリカで中国共産党批判を繰り広げる郭文貴支持を宣言したが、それも郭の金が目当てだと疑われている。それでも中国人のなかには裏を見抜けず、唐を支持する動きが広がり、寄付金も集まった。

その一方で、詐欺の被害にあった者たちから「カネを返してほしい」との声も上がっている。悪行をネットで公開する者、裁判の用意をする者などさまざまだ。唐は弁明を重ねつつ、ときに批判者を中国のスパイだと非難し、どうにか危機を脱しようとしている。

ところがその後、中国の著名な人権派弁護士・高智晟《ガオジーション》[12]氏の声明が発表された。「アメリカに亡命している高弁護士の家族のため」という名目で集められた7万ドルもの義援金が、ある人物に着服されたというのだ。声明では、「その人物はアメリカで強大な力を持ち、刃向かえば大変な目にあうと家族が心配する」との理由で名前は伏せられているが、事情を知る人が見れば唐であることは明らかだ。

事ここに至っても唐は罪を認めようともせず、「高智晟弁護士と家族は中国共産党に指図されている」と主張し、起訴するとまで言い放った。実際のところ、中共のスパイだったのは唐本人ではないのか。ある人物が調査したところ、**唐は在アメリカ中国大使館と連絡を取り合い、小切手を受け取っていたことが判明**したという。

さて、唐による高弁護士義援金の着服問題が発覚した数日後、高弁護士は再び失踪した。3週間後になって家族はようやく事情を知ったが、中国共産党により陝西省から北京に身柄を移されて軟禁されていたという。そのため、アメリカの家族に連絡することができなかった。

義援金着服と呼応するかのような軟禁、この奇妙な一致ひとつを取ってみても唐は怪しいと言わざるを得ない。中国共産党は唐を守るために高弁護士を軟禁したのではないか。

また唐は自らが主催する「民主革命大会」に寄付をする中国人に対し、実名を登録するよう繰り返し要請している。民運界隈では、唐の「おとり戦術」ではないかと疑われている。民主革命を支持する中国人のリストを作り、ひそかに中共に手渡しているのではないか、と。

★アメリカ全土で暗躍する国家安全部

唐のような海外民運人士に潜り込んだスパイだけではなく、中国共産党はさらに積極的な工作、買収をしかけている。**中国国家安全部はアメリカ全土に拠点を作り、「異見分子《イージェンフェンズー》」（政府と異なる意見を持つ人々）とその家族に対する接触を図っている**のだ。

そのやり口は、以下のような手続きを踏む。まず、家族や友人に対して接触する。同郷だからなどの理由をつけて、親しく交流するのだ。てっきり、中国に対する批判を弱めようと友好的な姿勢を示しているのかと思いきや、すぐに誤解だと気づく。中国共産党の手段はより凶悪なもの。国家公安部が親しげに話しかけてきた理由、それは単に相手を手なずけようとしただけではなく、友好的な姿勢で近づいた末に対象者をスパイに仕立て上げようとしていたのだ。何たる面の皮の厚さだ！

国家安全部関係者は功績を挙げようと、あの手この手を尽くしてくる。自ら迫害し投獄した相手に対してすら、恥知らずにも迫ってくるのだ。崇高な信念を抱く異見分子にとっては、スパイに寝返る可能性があると思われるだけで屈辱だが、中国共産党は、このような人海戦術によって、スパイを作り上げられるあらゆる可能性を追求している。

実際、罠にはまった人々もいる。国家安全部関係者の友好的な話を聞いているうちに、自分が重要人物だと誤解してしまうのだ。そうでなければ、なぜわざわざ自分のところまでやってくる理由があるだろうか、と。

このように、まず虚栄心から心の動揺が始まる。信念が明確ではない、意志薄弱な一部の民運関係者はこうして籠絡《ろうらく》される。もし、彼らが中国に帰国して商売に手を出すようになったのなら、もはや取り込まれたことは間違いない。中国共産党から、さまざまな手助けを得ているだろう。それが次の罠へとつながっているにもかかわらず……。

天安門事件の学生指導者のひとりに李という人物がいる。彼は中国共産党の支援によって瞬く間に大富豪へと転じた。海外民運から離脱した今、中国に帰国するのも自由自在だ。

こうして中国共産党の圧力と誘惑によって、一部の民運関係者は中国政府に従うようになる。中国政府から「（海外民運人士が）法輪功と一緒になるとは何事だ」との発言があれば、法輪功を避けたり、敵視するようになる。チベット独立運動について政府が釘を刺せば、亡命チベット人との交流を絶つといった具合にだ。

中国大使館スタッフとはしばしば顔を合わせることはあるのに、亡命チベット人を避けるとはどういうことなのだろうか。あるいは、台湾独立についてもそうだ。彼らの言葉を聞くと、どうやら中国統一は民主化よりも重要なようだ。こうして焦点を変えることによって、中国共産党の独裁という最大の問題から人々の目を逸らしてしまう……。

一部の異見分子はスパイとなることは拒むものの、説得によって活動を減らしたり、やめたりすることもある。スパイに仕立てることに続く第二の成果だ。もしスパイにもならず活発な活動を続けるというのであれば、奥の手がある。「あの活動家は、以前にこっそり中国に帰国し、国家安全部関係者と話し合っていた」という情報を流すのだ。**スパイにならなかった人物にこそ、スパイ疑惑をかけて信用を落とす手法**だ。こうなると、その人物は民運界での居場所を失ってしまう。事実、「黄」というベテラン作家にしてベテラン海外民運関係者は、この策略に陥いれられてしまった。

近年、中国共産党が手中に収めている富は莫大である。それは海外民運関係者の買収にも用いられている。中国に出入りできる海外民運関係者と近い中間派に対し、中国の国家安全部関係者は「中国はカネ持ちになった。カネで問題を解決できるようになったし、カネの力で海外民運を瓦解に追い込むこともできる」と豪語している。そして民運関係者の友人を持つ中間派に対し、中国共産党に協力するよう、橋渡しをするよう要請する。つまり、買収のための手先になれというのだ。

中国共産党が投入する資金は増える一方だ。かくして一部の民運関係者は、カネの誘惑にかられ、活動を放棄し、あるいはひそかにスパイとなる者までいるのである。

★分裂する在米華人のホンネ

アメリカには多くの華人、華僑が住んでいるが、「親中共」と「親民主」で大きくふたつに分かれている。前者にとっては中国とはイコール中国共産党のことだ。アメリカで暮らしていながら、ナショナリストとして中国共産党統治下の中国を熱愛している。さまざまな問題には目をつぶり、経済力や軍事力など中国が誇る一面しか見ようとしない。**中国が世界第二の経済大国となったことは彼らの誇りだが、環境問題や政治の腐敗について聞くと、「途上国ならばそうした問題は当たり前」という矛盾した答えを返してくる。**

他方、後者の親民主は中国のさまざまな問題を憂えている。環境問題も政治の腐敗も、報道の自由や司法の独立がないため政治と資本が暴走したことの結果、すなわち政治体制の問題だと考えているのだ。中国の現状を嘆きつつも、祖国に対する愛は失っていない。**中国共産党と中国は別物だと考えている**のだ。

さて、親中共と親民主のどちらの人間が多いだろうか。公の場で発言する人数を見れば、圧倒的に親中共のほうが多いように見える。だが、それには理由がある。というのも、親民主の人々は中国共産党におびえて声を上げることをためらっているのだ。

「アメリカに住んでいるのに、なぜ、まだ中国共産党を恐れるのか」と思われるかもしれない。確かに、彼ら自身の身に危険が及ぶ可能性は低いが、帰国が困難になったり、中国に残る親族に迷惑をかけたりしかねない。いくつかのネット調査が示す数値を見ると、「親中共」「親民主」の実際の比率は、半々といったところだろう。表面的に見える声の大きさと実数は異なっている。

年齢別に見ると、中高年は親中共が多く、若者は親民主と無関心層が多いという結果が出ている。たとえば、2013年に米紙『ニューヨークタイムズ』が在米中国人留学生を対象に実施した調査では、70%がアメリカの制度を認めていると回答。一方、中国の制度は認められないとの回答は51%に達している。

★「海亀派」の典型となったノーベル物理学賞学者

中国では帰国した留学生を「海亀派」と呼ぶ。「海亀」と「海帰」(海外留学・就労後、帰国した人のこと)は、いずれも「ハイグイ」と発音する。つまり、一種のダジャレだ。かつては、ひとたび海外に出た留学生は、ほとんど戻ってくることはなかった。そればかりか、研修名目で海外に出張した研究者すら、多くがそのまま海外に住み着いたのだ。給料が安く、権利も与えられない中国に帰りたくないのはよく理解できる。

ところが、その状況が最近変わりつつある。海亀派は増える一方で、中国で起業し大成功した経営者も多い。これも中国成長の証しと見なされている。

確かに現在の中国はカネ余りの状況で、才能と技術を持った人物が起業するには適した環境だろう。とりわけ大都市圏では所得水準も上がったため、帰国という選択肢も選びやすくなった。

　だが、海亀派の増加はそれだけが原因ではない。中国政府は自国の威信をかけて、そして海外のノウハウや技術を吸収するために莫大な資金を投じて、海外の留学生や研究者を帰国するよう促しているのだ。２００８年に始まった「千人計画」が代表例だ。千人計画とは、海外の優秀な人材を獲得するプロジェクトで、**中央政府からひとり当たり１００万元（約１７００万円）の資金が与えられるほか、住宅手当や交通費などさまざまな優遇措置が認められている。さらに、海外で働いていたときと同等か、それ以上の賃金が保障されている。**

　海外から最も早い時期に帰国し、そして最も有名な研究者が楊振寧《ヤンジェンニン》だ。[13] １９５７年のノーベル物理学賞受賞者である。

　楊は１９２２年生まれで、１９４５年にアメリカに留学した。当時は中華民国籍だった。日中戦争を経験した世代だが、優秀なエリートとして身を守られ、戦火におびえることはなく、留学までさせてもらえたわけだ。

　アメリカですばらしい教育を受け、ノーベル賞まで取ることができた。豊かな生活も享受できた。おまけにアメリカ国籍までもらった。そんな優秀な人材を獲得しようと、中国政府は楊の両親に息子を説得するよう要請。父親は「新中国のために働いてほしい」と政府の指示どおりに説得したが、母親は「中国の何がいいのかわからない。豆腐を買うのにも何時間も行列しなければならないし、ようやく手に入った豆腐は崩れている」とグチをこぼす。それを聞いた楊は、アメリカに残ることを決めたのだ。

ところが中国が豊かになると、楊は心変わりする。定年を迎えたロートルの楊は、帰国すればまるで貴族のように歓待すると提案されたのだ。楊は中国に帰国、アメリカ国籍を捨てて、中華人民共和国の国籍を取得した。また82歳のときに、28歳の中国人女性と再婚までしている。**中国共産党が楊のために女性をあてがったことは想像に難くない。**53年間連れ添った妻が病没して、わずか1年後のことだった。

あまりにも無定見な、私利私欲に走っただけの人生ではないか。楊の帰国は、まさに海亀派の典型例だ。**中国がすばらしい国になったから、海亀たちは帰国しているのではない。札束に頬を引っぱたかれて、己を失っているだけ**なのだ。

★アメリカで暮らす元汚職官僚たちの実態

一方、前述のように、汚職官僚の多くは家族を海外に移民させている。まず、子どもを留学させ、母親、つまり自身の妻はその付き添いという名目で海外に送り出す。そして自分は、単身中国に残ってカネをためた後、海外に移住するという流れだ。このような形で海外に暮らしている元中国共産党幹部は、相当数に上る。

一応、私の暮らすアメリカの法律ではナチス信奉者、テロリスト、共産主義者は入国できないが、彼らが移民する際は自らの身分を隠しているため、正確な数を把握することは難しい。ただし、カネも権力も持っている中国の官僚たちにとっては、身分を隠しての移民など、さしたる困難ではない。アメリカ移住後も、かつての身分を明かそうとはしないが、言葉の端々から官僚だったことがにじみでてしまう。だから、私にしてみれば、少し話せばすぐにお里が知れるのだが……。

こうして**移民した汚職官僚は、アメリカの社会制度を活用し、医療保険や住宅手当といった社会サービスを活用**している。そのくせ、自分の子どもたちには「アメリカの政治制度を信じないように」と言い聞かせているのだから、まったくあきれるしかない。在米華人の評判の悪さは、彼らの責任も多分にある。

中国から移民してきた人々は、コミュニティの活動や太極拳のサークルで出会うことが多いが、やはり元官僚と一般市民では考えが違いすぎる。すぐにケンカとなり、仲違いするのが常だ。親民主の人々からすれば、アメリカの政治や社会を悪しざまに言う親中共の人々の話を聞いているとイライラしてしまう。「だったら、中国に帰れ！」と、つい罵ってしまうというわけだ。

無論、偉そうにアメリカを批判していた親中共の人々も、国から出たという負い目があるから言い返せない。こうして、険悪なムードが残るだけなのだ。その子どもたちも、親が争っている以上、仲よくなることは難しい。結局、**アメリカに移り住んでも、中国時代の〝一線〟は残ったまま**だ。

汚職官僚などカネ持ちの移民と、亡命者を含めた一般の市民では、住んでいる地域すら違う。汚職官僚が住むエリアは高級住宅街。さらに**愛人たちを住まわせる〝愛人村〟があり、出産後に妊婦が通う〝月子中心《ユエズジョンシン》[14]〟も用意されているなど、カネ持ちの移民たちのためのサービスが整っている。**一般市民にはとても望みようもない待遇だ。住む場所すら違うので、日常的な接触も少ない。

高級官僚の子弟の留学というと、薄熙来の息子である薄瓜瓜《ボーグァグァ》[15]がハーバード大学に留学し、コロンビア大学大学院を卒業した。習近平の娘、習明澤《シーミンザァー》[16]もハーバード大学を卒業している。彼ら高級官僚の子弟は、アメリカのシークレットサービスに警護され、一般の中国人とは一切かかわりを持たずに暮らしていたのだ。

では、なぜアメリカは、市民の血税を使ってまで中国共産党高官の子弟を守っているのか。これにはふたつの理由がある。第一に、彼らに何か問題が起きれば、米中関係に悪影響を及ぼしかねないということ。第二に、高官子弟の秘密を握って将来の外交に役立てようという考えだ。

アメリカ政府は、したたかにも子弟の行動、交友関係のみならず、DNAまで収集しているという。高官子弟のアメリカ留学が始まったのは、この10年あまりの話だ。彼らはまだトップには立っていないが、将来は中国において重要人物になるだろう。そのときになって、**留学時に握られた秘密が決定的な役割を果たす**可能性もある。

道徳的規範からいえば、民主主義国家の税金で独裁国家の高官子弟を守るのは許されざる行為だろう。それは間違いない。しかし、国家利益を守るための実用主義的観点に立てば、間違いなく必要なことなのだ。

清朝政府を〝他山の石〟とした中国共産党の秘密活動

海外民運に対するスパイ活動については前述したとおりだが、中国共産党の秘密活動はそれにとどまらない。アメリカ、ヨーロッパ、そしてもちろん日本にも、無数の中国人スパイが潜り込んでいる。

スパイは、もともと記者と外交官が多数を占めていた。中国の大学には国際政治学部、対外貿易学部を有している学校が多いが、それらの多くはスパイ養成コースの名残だ。旧**ソ連系の工学重視の大学教育が行われた中国において、文系学部が果たす最大の役割はスパイ養成であった**と言っても過言ではない。

1989年以後、中国のスパイ活動には大きな変化が生じた。経済発展に伴い資金が豊かになったこと、多くの中国人が海外に出国したことから、カネと人脈を使った多様なスパイ活動が展開されるようになったのだ。また、海外民運が活発化するなかで、そのコントロールが急務という中国政府の危機感もあった。そのため、今では留学生、ビジネスマン、芸能人、研究者など、さまざまな分野にスパイが散在している。

唐突かもしれないが、かつての清朝と今の中国を比べると大きな違いがあるのは、海外の中国人の管理体制だ。**清朝時代には、海外の中国人を一切コントロールすることができなかった。そのため、在外華人が清朝打倒、辛亥革命実現の原動力となった**のである。とりわけ日本は、反清朝政府運動の一大拠点だった。

この教訓を生かし、中国は在外華人の統率に努めている。**アメリカの各大学には中国学生学者連合会が設立され、そのトップは中国共産党員か、あるいはスパイによって構成されている。運営資金は大使館が提供し、適宜、大使館、領事館から指導が入る**のだ。

中国人留学生がアメリカに到着すると、まず中国学生学者連合会が迎えに行く。そして、家探しや生活のサポートなどを行うと同時に、その留学生の思想的背景や家族構成に至るまで調べ上げるのだ。さらに留学期間中の行動も、中国学生学者連合会を通じて相互監視させている。

また、**「同郷会」も中国共産党による海外華人支配のツール**となっている。同郷会とは中国の伝統的な民間団体で、異郷の地にあっても同郷人同士で助け合えるように結成された互助団体だ。今でも中国各地、さらには海外でも華僑が多い地域には「会館」が存在する。たとえば「山東会館」ならば、山東省出身者が集まってコミュニケーションを取り、相互に助け合う場となるわけだ。アメリカでも、ニューヨークのチャイナタウンには「北京同郷会」「湖南同郷会」「山東同郷会」などがある。

問題は、こうした**同郷会がすべて親中共**であるという点だ。運営費用もすべて大使館から提供されており、中国政府のコントロールを受け入れている。大学以外でも、同郷会を通じた監視ネットワークが存在しているのだ。

このように、在外華人を監視するのがスパイの大きな役割だが、もうひとつ重要な任務を担っている。それが産業スパイだ。中国の企業スパイはさまざまな企業に入り込み、先端技術や研究成果を盗んでいる。

無論、アメリカ当局もただ手をこまねい見ているわけではない。しばしば産業スパイを摘発しているが、実はこれはごく少数にすぎず、見つからずに機密を盗み出したスパイが大多数を占めているだろう。

中国は現在、国内でスパイの疑いがある人間を片っ端から拘束している。実際にはスパイではない人間が多数含まれているが、そんなことはおかまいなしだ。一方、民主主義国家のアメリカでは、そんなことはできない。「推定無罪」の原則があるからだ。

確たる証拠なしに疑いだけで拘束、逮捕することは人権的に許されない。たとえ逮捕したとしても、証拠が不十分ならば検察が負けるだろう。逆に政府が賠償金を請求されることすらあり得る。

そのため、スパイの逮捕には長期間にわたる調査による証拠固めが必要だ。ただ、人海戦術を駆使する中国のスパイ戦略をすべて食い止めるだけのリソースは、残念ながらアメリカにもない。これは、いわば **〝民主主義の隙〟とでも言うべきだろうが、中国は容赦なくこの弱点につけ込んでくる**のだ。

そもそも中国共産党にとって、スパイ活動はお手のものだ。かつて第2次国共内戦に勝利して、国民党を台湾に追いやる原動力となったのもスパイ戦だ。今、その諜報能力を西側諸国へと振り向けている。何せ中国には14億人もの人間がいる。大量のスパイを養成し、海外に送り込むことはたやすい。人海戦術のスパイ戦は、対応に苦しむ難しい問題だ。

日本滞在時にも攻撃された私のウェブサイト

前述の海外民運に対するスパイ活動、分裂工作に加えて、中国共産党は「監視」や「ハッキング」という手段もとっている。たとえば、**海外民運の大規模な集会があるたびに、中共のスパイは参加者のふりをして訪れ、会場を撮影している。**誰が海外民運関係者かを調べるためだ。私たちは誰がスパイなのか、だいたい把握しているが、確たる証拠がない限り追い払うことはできない。民主的であろう、オープンであろうとする私たちの理念を逆手に取った卑劣なやり口だ。

また、海外民運の会議や研究会の参加者名簿がひそかに持ち出され、中国共産党の手に渡ったこともあった。参加者名簿は不要だと私は主張していたのだが、他の関係者が強硬に主張して押し切られた。それがアダとなってしまった。実際、中国国家安全保障局関係者と交渉経験のある知人によると、彼らは「誰が集会に参加しているかすべて把握している」と豪語。また、**何らかの集会があれば、24時間以内に中国国家安全保障局に、その映像が届けられる**とも話していたという。

また、ハッキング行為もひどいものだ。私の日本の友人にも、中国の民主化運動にかかわった瞬間、ウイルスを仕込んだメールが届くようになったと嘆いている人がいる。この種のサイバー攻撃は、中国にとってはお手のものだ。私は十数個ものメールアドレスを持っているが、それはいつ、どのアドレスがサイバー攻撃によって利用不能になるかわからないからだ。

さらに、私のウェブサイトもしばしば攻撃を受ける。私の著作や論考、テレビ・ラジオ出演についてまとめたウェブサイトであり、とりたてて中国共産党にとって脅威になる内容ではない。しかし、それでも攻撃対象となっているのだ。**本書の取材で日本滞在中も、やはりダウン**していた。

このように、中国人ならば誰でも、当局が至るところにスパイを送りこんでいることを知っている。だから、覚悟を決めた民主活動家以外は口を開こうとしないのだ。皆、密告を恐れている。

ある華人のコミュニティに参加したときの話だ。天安門事件の追悼集会に参加してほしいと彼に頼むと、こう断られた。

「私たちは陳さんを支持しています。ですが、恐ろしいから参加できないのです。スパイに撮影されるかもしれないし、誰かに密告されるかもしれない……」

★移民二世は自分のことを何人だと考えているのか

第3章で、台湾や香港の若者で新たなアイデンティティが生まれていることを指摘した。台湾には「天然独」と呼ばれる、生まれたときから台湾と中国は別物であるという現状があった世代が台頭し、中国とは異なる台湾独自路線をとろうとしている。また、中国の強硬な支配に嫌気がさした香港の若者からは、「港独派」「自決派」という思想が立ち上がり、自分たちは中国人ではなく香港人だという〝香港人アイデンティティ〟が強まっているのは、前に説明したとおりだ。

では、アメリカの若き華人たちはどのような考えを、どのようなアイデンティティを持っているのだろうか。移民一世ではなく、二世や三世は中国に対してどのような思いを抱いているのだろうか。

まず彼らは、もはや「華人」という枠組みでは捉えられない存在だ。アメリカで生まれ、アメリカの教育を受け、アメリカで働き、アメリカの社会で暮らす。自分たちはアメリカ人だと考え、中国人だとは思ってはいない。

在外華人というと、チャイナタウンをイメージする人も多いだろう。そこから、外国に住んでいても、中国の文化と伝統を守り続けている人が多数だと思われるかもしれない。

私が住んでいるニューヨークでいうと、マンハッタンとフラッシングに大きなチャイナタウンがある。**マンハッタンは広東省系の旧移民の集住地、フラッシングは新たな移民の集住地だ。だが、在米華人のほとんどは、こうしたチャイナタウンには住んでいない。**自身の仕事などにとって都合のいい場所に、バラバラに住んでいるのだ。英語に不自由しない、二世、三世ならばなおさらだ。

中国人以外でも、ポーランド人にはポーランド人コミュニティがあり、ロシア人はロシア人の、韓国人は韓国人の住む場所があるが、やはり二世になると、アメリカ人のアイデンティティを持ち、ルーツのコミュニティにはこだわらなくなる。

おそらく、日本でもそうではないか。中国系日本人の二世、三世は日本人としてのアイデンティティを持ち、中国にとりたてて関心は持っていないように思う。

特に、アメリカは2000もの民族が暮らす人種のるつぼだ。肌の色も人種も違う人々が周りにいるのは当たり前。だから中国系であっても、アメリカ人として暮らすことに違和感を覚える人などいない。

そんな二世、三世の若者が中国とのつながりを感じないのは当然だ。ゆえに、彼らが将来の中国民主化運動の推進者になるのを期待することもできない。

私のような移民一世は国を離れたとはいえ、精神はいまだに祖国とつながっている。中国共産党の一党独裁支配から、中国の人々を解放したいという強い思いもある。中国の民主化という使命を受け持つのは、私たち一世の責務だ。

とはいえ、自分の子ども世代にまで、中国改革の宿命を背負わせようとは考えていない。それは、土台無理な話なのだ。

恥ずかしながら、私と子どもたちの関係についても触れておこう。私の子どもたちにとっての母語は英語、私は中国語だ。簡単な意思疎通はまったく問題がないが、**環境問題や国際問題など深い問題について語り合おうとすると、親子にもかかわらずコミュニケーションギャップが生まれる**。

さらに、根深い文化ギャップもある。アメリカには「まず褒める」という文化がある。マイナス面を見ないで、長所を褒めて伸ばすのだ。ところが中国は違う。マイナス点を厳しく指摘して直す文化だ。だから私が中国流で叱ると、「なぜ、そんなにマイナス面ばかりを言い立てるのだ」と反発されることもしばしばだ。

私の子どもたちは、完全に「アメリカ人」として生きている。むしろ、なぜ親である私が中国系であるのか、不思議に思っているほどだ。

★トランプ政権の移民政策と華人コミュニティの反応

さらに移民といえば、昨今見過ごせないのがトランプ政権の存在だろう。日本では、トランプ政権に対する評価がかんばしくないと聞いている。日本の友人からは「移民排斥は人種差別的だ」「アメリカの民主主義に失望した」などという論評を聞いた。

だが、**在米華人の多くは、実はトランプ政権が人種差別的だとは感じていない。**移民政策の厳格化におびえている人はいる。それは、アメリカのグリーンカードを所持しており、「外国人向けの社会サービスが削減されるかも」と不安に思っている人、そして本当は中国政府に迫害されていないのに、虚偽の政治亡命申請をしていて、審査が厳しくなるのを恐れている人、この2種類の人々だけだ。

もっとも、各国の留学生への影響は大きい。トランプの新政策によって、アメリカの大学を卒業した外国人も、新たに就労ビザの申請をする必要が出てきた。おそらくビザの枠自体、一定数以下に制限されるだろう。せっかくアメリカの大学を卒業しても、アメリカで働けないとなれば、魅力は半減だ。そのため、**アメリカの大学では新規の留学生数が40%も減少**している。

アメリカは移民国家だ。これまで移民に対しては、きわめてゆるいハードルしか設けてこなかった。医療保険や住宅手当、貧困者に対する減税などの社会サービスは、移民にも提供されていた。合法的な移民はもちろん、非合法な密入国者であっても、一部の社会サービスを享受することができる寛容な社会だったのだ。

だが、移民の無尽蔵な受け入れには、負の側面があると強く意識されるようになってきた。違法な移民が増えているだけではない。合法的な移民であっても問題は多いのが実態だ。たとえば、留学生の保護者。働かないためアメリカ経済に貢献することはないにもかかわらず、社会サービスを享受しているのだ。

このように合法、違法を問わず移民への社会サービスの提供は、財政的に過大な負担を強いている。そのため、過半数のアメリカ人がトランプの移民政策を支持しているわけだ。

華人コミュニティは大統領選当時、トランプ支持を打ち出していた。「トランプはビジネスマンだ。人権問題で中国ともめ事を起こすことはないだろう」という単純な理由からだったが、移民政策の転換を受けて失望している人も多い。親中共、親民主にかかわらず、自らの社会サービスが削減されかねないからである。

★真の人種差別問題から目を背ける中国人たち

日本では「トランプ大統領の誕生＝アメリカ民主主義の終焉」などと言う論者もいるが、私が思うにトランプの勝利はアメリカ民主主義の〝強靭さ〟の証左だ。民主党と共和党、二大政党の支持もなく、主流メディアからも批判され、ウォール街からも煙たがられてきた政治素人が、製造業の労働者や中産階層の支持によって一国の元首にまで登り詰めたのだ。民主主義国家でしかありえないストーリーだ。中国のような独裁国家には存在しない逆転劇ではないか。

既存のエスタブリッシュメント、つまり主流派に失望したとしても、アメリカ人には別の選択肢が存在する。そのことを如実に示したのがトランプだったが、実は8年前のオバマ前大統領の当選も同じだ。黒人大統領の誕生は、アメリカの民主主義が力強い生命力を有していることの表れだった。オバマとトランプ、2代にわたり非主流、つまりエスタブリッシュメントではない大統領が誕生したのだ。

オバマとトランプ、ふたりの大統領の誕生は奇跡と呼ぶにふさわしい。**アメリカの民主主義は終焉などしていない。今まさに、その力強さを見せつけた**のだ。

もちろん、トランプの排外主義的傾向を心配する声が強いのは知っている。いや、日本以上に在米華人が批判の声を上げている。というのも、**親中共の中国人はアメリカの人種差別問題にきわめて敏感**だ。特に中国系が不利益を被るようなことがあれば、たちまち抗議運動を起こす。中国を批判するようなテレビＣＭ、あるいは中国系アメリカ人の警官が裁判で不利な判決を受けたら、まるで天変地異でも起きたかのような大騒ぎになるのだ。

逆に、私のような**親民主の中国人は人種差別問題にそれほど敏感ではない**のではなかろうか。無論、「人種差別がいい」などと言いたいわけではない。克服しなければならない問題であることも知っている。ただ、そのためには長い時間が必要であり、アメリカ社会が努力を続けていることも正しく理解しているのだ。アメリカの法律、そして会社や学校の規則が、人種差別を厳しく禁止していることも承知している。

むしろ、**人種差別を野放しにしているのは中国だ。漢民族がチベット族を、都市人が農民を、カネ持ちが貧乏人を差別**している。中国と比べれば、アメリカの人種差別などたかが知れている。だから親民主の中国人は、声高にアメリカを批判することはないのだ。

中国には次のようなネットジョークがある。

「華人が最も差別されている国はどこだろうか？」との質問があった。

1. 華人が選挙権と被選挙権を奪われている国は？
2. デモやストライキなど集会の自由がないのは？
3. 言論の自由とネットの自由が奪われているのは？
4. 国家指導者と与党を批判することが禁止されているのは？

答えはすべて中国だ。

中国人が最も差別され、権利を侵害されているのは母国、中国でのことなのだ。中国共産党は、他国から人権侵害を受けるたびに過敏に反応する。毎年、ご丁寧にも「アメリカ人権白書」なるものを作って、アメリカには多くの人権侵害があると宣伝しているほどだ。だが、本当の意味で人権を侵害し人種を差別しているのは、中国にほかならない。

★アメリカでわかった「言論の自由」の本質

トランプ政権の誕生とともに、ここ1、2年、民主主義を揺るがす事態として注目されているのが「フェイクニュース」だ。２０１６年の米大統領選ではトランプ陣営、クリントン陣営ともにフェイクニュースを使って相手を攻撃した。しかも、そればかりではない。

マスメディアも勇み足というべきか、事実ではないニュースを流している。『ニューヨークタイムズ』は、17もの政府部局が選挙に関連してロシアのサイバー攻撃を受けたと報じたが、のちに攻撃の事実が確認できたのは4個所のみと訂正。CNNは、トランプ氏の部下がロシアと連絡を取り合い、資金を受け取っていたと報じたが、やはりのちに信憑性が欠けているとして撤回した。報道にかかわった記者3人が辞職したが、うちひとりはピューリッツァー賞を受賞した著名記者だ。このように故意に虚偽の情報を流すフェイクニュース、不確実な情報、誤報が入り乱れる状況が続いている。

「こうした事実とは異なる虚偽の情報に、大衆は踊らされてしまう。だから民主主義は脆弱だ、無意味だ」

そう主張する人もいるようだ。あるいは「中国のようにSNSを検閲し規制するべきだ」との議論もある。だが、これは明らかに論理の飛躍というべきだろう。中国には**「因噎廃食」**（噎《えつ》に因《よ》りて食《じき》を廃《はい》す）、つまり「のどにつっかえるから食事をしない」という意味のことわざがある。問題があるからといって、必要なことまでやめてしまう愚かさを示す言葉だ。フェイクニュースが横行しているからといって、民主主義が無意味なわけではない。報道と言論の自由が不必要というわけでもない。

言論に一定の規制をかけるとするならば、誰が規制するかが問題だ。中国を見てもわかるとおり、規制の主体は政府になるだろう。そして政権に有利なウソは見逃され、不利なウソは厳しく取り締まるという二重基準が作られる。それだけではない。**中国政府は虚偽の情報は取り締まると言いながら、実は自ら日々、大量のフェイクニュースを生み出している**。そして、真実を知り不正を告発した者は捕まり迫害されている。こうした現実からもわかるように、**政府によって言論を規制させてはならない**のだ。

もちろん無制限にフェイクニュースを流し、人々が暴走するようなこともあってはならない。虚偽の情報で大衆が動員され、政治を動かす。民主主義の国では「ポピュリズム」として恐れられている事態だ。

一方、政府が統治のために大衆を利用するケースもある。中国では人民運動として、「文化大革命」などの悲劇を生み出してきた。だからこそ、ポピュリズムや人民運動を抑止するのは政府の強権ではなく、民主主義的な法律や言論でなければならない。「独裁か、それともポピュリズムか」の二択ではなく、あくまでバランスのとれた民主主義を構築する営みこそが重要なのだ。

私は何も「民主主義は万能だ」などと言いたいわけではない。「民主主義さえあればすべての問題が解決する」などと考える夢想家でもない。そうではなく、話し合い、投票、法律といった〝民主主義のメカニズム〟こそが、問題解決のための基盤としてきわめて重要だということを言いたいのだ。**独裁国家では、トップの判断だけで物事が決められてしまう。その結果生まれるのは不公平と汚職**なのだ。

★郭文貴といういかがわしい「フェイク」の象徴

こうした今話題の「フェイクニュース」とどう向き合うべきなのかは、中国の民主化運動にとっても重大な課題だ。まっとうな主流派の民主活動家は、虚偽の情報を使って中国共産党を批判したり、統治の動揺を狙ったりすることには否定的である。**誤った手法を使えば、正しい目的には決してたどり着かない**と信じているからだ。

一方で、「目には目を。歯には歯を」とばかりに、中国共産党がフェイクニュースを流している以上、こちらも同じように虚偽の情報を使うべきだと考える人もいる。そして、その数は日増しに増えているようだ。

代表的な事例が、アメリカで実質的な亡命状態にある中国人大富豪、郭文貴だろう。彼はツイッターやユーチューブなどネットを駆使して、思わせぶりに中国共産党の汚職や腐敗について膨大な情報の「リーク」を行っている。**なかには事実も含まれているかもしれないが、ほとんどが虚構**だ。

私は彼とは距離を保ち、情報のなかに真実があるのかどうか、そこだけを見極めようとしている。**少しでも知性がある人間ならば、郭の発言はウソにまみれていることなど容易に気づく。**だが、「たとえウソであっても中国共産党にとって不利益、不名誉な話であればそれだけでいい」「民主化にとってはマイナスかもしれないが、気持ちよく共産党を罵っている言葉を聞ければそれだけで爽快だ」と考える人々が、ファンとなって彼を支えているのだ。

郭のような、いかがわしい人物が支持を集めるのは残念な話だが、これも中国共産党が自ら招いたことである。唐代の漢詩「焚書坑」に「坑灰未冷山東乱、劉項原来不読書」（焚書の灰がまだ冷めやらぬうちに山東に乱が起きる、劉邦も項羽も本を読んだことなどないからだ）との一節がある。

秦の始皇帝は「焚書坑儒《ふんしょこうじゅ》」を行い、自らに批判的な知識人を殺し、書物を燃やした。ところが治世は安定するどころか、劉邦と項羽という英雄が現れ、秦は滅亡へと向かうことになる。冷静で理知的な批判者を殺した結果、残ったのは本を読んだことがないような野蛮な豪傑だけというわけだ。

この状況は、今の中国にもぴたりと当てはまる。劉暁波のような教養ある反体制知識人を弾圧し抹殺したところで、中国共産党の治世は安定しない。それどころか、逆に郭文貴のような、手段を問わない暴れん坊を登場させてしまったのだ。

本来ならば、**中国共産党にとっても劉暁波は有益な人物だった**はずだ。南アフリカのネルソン・マンデラやミャンマーのアウン・サン・スー・チーのように、独裁政権と民衆のクッションの役割を担う人物たり得たはずだ。平和的な体制転換ならば、中国共産党の官僚たちも命を失うことはないし、財産も守れたかもしれない。だが、**劉暁波亡き時代の体制転換は、きわめて血なまぐさいものにならざるを得ない**だろう。

日本の中国報道もかき乱す政治ゴシップ情報に要注意

一方、日本の中国報道、とりわけ政局報道にも事実からかけ離れた内容が多いという話を聞いた。もっとも私は、故意に虚偽の情報を流しているというよりも、誇張して書いているだけではないかという印象を持っているのだが。

そこにはひとつの背景がある。中国共産党はきわめて閉鎖的な組織であり、内部の情報を得るのは困難だ。私には内部情報を伝えてくれる情報源があるが、それでも不明瞭な点は少なくない。ましてや、外国人にとって情報入手の難易度はなおさら高くなるだろう。

そこで日本のメディアは、香港メディア発の情報を参照する。ただし、一口に香港メディアといっても、きちんと取材して裏を取って報道しているメディアがある一方で、ごく少数とはいえ〝売らんかな〟の精神で、適当なことを書き散らかしているメディアもある。

また中国共産党の各派閥が、香港メディアを通じて虚偽の情報を流し、対立派閥の足を引っ張ろうとすることも多い。長年、中国の政治について分析してきた私には真偽の見当がつくが、そうした資質がない記者ならば、香港発の虚偽情報に惑わされてしまうのも無理からぬところだ。

たとえば、香港の銅鑼湾書店[17]をめぐる事件の引き金となった『習近平と愛人たち』という本がある。私は作者と面識があるが、同書の内容は大半が捏造だ。銅鑼湾書店の経営者とも面識があるが、彼はカネを稼ぐために虚偽の内容と知りつつも政治ゴシップ本を売ってきた。

「中国共産党が言論の自由も出版の自由も尊重しないから、報復として捏造本を作るのだ」

実際、こんなことを話していたのだ。こうした本の読者は、郭文貴のファンと同じく、読んで楽しければ真偽など気にしないという人たちだ。ちなみに、こうした本を書いているのは、ほとんどが海外へ脱出した中国人。香港で生まれ育った人々は、こんな愚かなビジネスには手を染めない。

中国共産党は『習近平と愛人たち』の出版計画を知り、習の名誉を守るために出版を差し止めしようとし、補償として出版社に50万ドルを支払った。このカネのうち45万ドルは銅鑼湾書店の経営者である桂民海《グイミンハイ》[18]が受け取り、残り5万ドルはアメリカに住む作者が受け取った。

ところが、桂は欲をかき、本を別の出版社から出版しようとたくらむ。タイトルも『習近平とその6人の愛人』と変えて、だ。これに怒った習近平が桂を拉致するよう指令して、銅鑼湾書店事件が起きたのだ。中国共産党の検閲、口封じ、拉致は許されることではないが、口止め料をもらいながら、なお出版しようとする桂と作者のやり口も褒められたものではない。

こうした政治ゴシップ本は人気が高く、何十万部という売れ行きを誇る。これも中国共産党の一党独裁の弊害だろう。報道の自由がなく、政界政局に関する情報がない。そこで興味を持つ人たちが、派手に状況を煽る政治ゴシップ本に手を出すのだ。

中国には「地攤文学《ディータンウェンシュエ》」（露店文学）という言葉がある。道のかたわらでゴザを広げ本を売る、青空書店の意だ。そこでは、表向きは中国国内で流通している本を売っているが、実はこっそりと香港政治ゴシップ本などの禁書を販売している。

こうした俗悪な本を、まっとうな民主化運動関係者が信じることはない（単に「中国共産党の悪口が書いてあればそれで満足」という〝ナンチャッテ活動家〟ならば読むだろうが……）。

主な読者は、中国本土の政治に関心を持つ一般人だ。

こうした事情があったため、銅鑼湾書店事件に対して海外民運はどう向き合うべきか議論となった。捏造本を作っている書店など助けるべきではないとの意見もあったが、香港の法律を踏みにじる「拉致」という手法をとった中国共産党を批判し、銅鑼湾書店関係者を支援するべきだとの意見もあった。私は後者に属する。**銅鑼湾書店のやり方は問題があったとはいえ、誹謗中傷の罪など香港の法律で十分解決できたはずだ**。超法規的手段で香港の法律を踏みにじった中国共産党を許すべきではない。

★私はなぜ、いかなる派閥とも距離を置くのか

ここまで、在外華人社会のさまざま問題について取り上げてきた。おわかりのように、一口に在外華人といっても千差万別だ。親中共と親民主で分かれるうえに、親民主の大多数は中国共産党を恐れて黙っている人々で、実際に集会やデモに参加する者、すなわち海外民運のメンバーはごく一部にすぎない。

問題は、海外民運内に多くの派閥がありバラバラだという点にある。反中共という目的と民主主義の理念では、皆が一致しているにもかかわらず、だ。

団結できない理由はいくつかある。スパイによる分裂活動が盛んであることはすでに述べた。それ以外に、民主化運動のリーダーたちの間にある不信感や嫉妬も問題だ。**「北京の春運動」**[19]**を主導した魏京生と「89学生運動」のリーダーである王丹は、今ではお互いに言葉すら交わさないほどの不仲**となっている。

また派閥作りという悪弊もある。「人は3人いれば派閥が生まれる」というが、まさにそのとおり。「性格が合う、合わない」といったくだらない理由やら、誰が主導権を握るかという争いやらで、海外民運は多くの組織、派閥に分派している。

アメリカには「全米民主主義基金」（NED）という、他国の民主化を支援するNPO（民間非営利団体）がある。各組織は資金援助をNEDに申請しているが、その際に繰り広げられるのが、互いの足を引っ張り合う醜い争いだ。

1989年の天安門事件後はNEDを含め、多くの国々が海外民運を資金的に援助していた。しかし、そうした足の引っ張り合いに嫌気がさして援助を削減したり、中止したりしたケースが少なくない。実際、今やほとんどの海外民運団体にとって、こうした支援は主要な資金源たり得なくなっている。

もし、劉暁波が生きていれば、彼を中心にすべての海外民運関係者が結束することができただろう。そのことを恐れたからこそ、中国共産党は劉を殺害したのだ。

私も海外民運団体の醜さをよく知っている。**アメリカに亡命してすぐ、海外民運団体に所属した。「民運海外聯席会議」[20]という、魏京生を中心としたグループだ。その後、王丹のグループにも所属し、初代の事務局長も務めた。だが、どちらも早々に離脱**した。嫉妬や衝突ばかりが続く世界がほとほとイヤになったのだ。

その後はどこにも所属せず、個人の身分で論考を発表してきた。おかげで、面倒なトラブルに巻き込まれることもなく、執筆のための時間も確保できるようになった。また、団体には必ず仲の悪いグループがあるものだが、個人ならばすべてのグループと全方位外交で付き合っていられる。

2017年の秋、私はアメリカで劉暁波の追悼式典を主催した。普段は対立関係にある組織も皆、参加してくれた。これも、私が個人として活動を続けてきたからだ。どこかに所属していれば、対立するグループは参加しなかっただろう。

★「ネズミ講デモ」から見える民主化運動の進むべき道

分裂と内輪モメばかりの現状には、忸怩《じくじ》たる思いがある。**天安門事件以来約30年間、海外民運は何度も団結を試みてきたが、いずれも失敗した。中国人はエゴが強く、皆が〝お**

山の大将〞になりたがること、そして共産党のスパイがあらゆる場所に浸透してしまったことが要因なのは、これまで明らかにしてきたとおりだ。

劉暁波がノーベル平和賞を受賞したとき、民主活動家たちが団結する最大のチャンスがやってきたと嬉しく思った。もっとも、その危険を知っていたからこそ、中国共産党は劉を殺したのだろう。

中国人のエゴについてもう少し説明を加えよう。これは、いわゆる「集団精神」の欠如というものかもしれない。この点で日本人は世界でも秀でていると聞く。学校や会社など、自らが所属する組織への忠誠心があつく、自分の仕事が終わっても同僚が残業していたら一緒に残る人までいるという。個人主義の中国人にはありえない話だ。

己の私利私欲を追求し、損になるようなことをしない。まったく、**中国人は合理性の権化**だ。ビジネスではこうした合理性がプラスに働くこともあるが、公益活動においては無私の心、協力する気持ちが重要なだけに弱点となる。

もっとも泣き言を言っていても始まらない。劉暁波を失った後、いかにして海外民運団体の団結を図るべきか、新たな取り組みが必要となる。ただし、それは容易な話ではない。劉暁波の死は、海外民運関係者に大きな憤りと悲しみをもたらした。今はまだ、次の展開を考える余力はないのが正直な現状だ。悲しみが薄れ再び立ち上がる気力を得た頃に、話し合いが始まるだろう。ただし、何十ものグループの意思を統一するのは、本当に可能なのであろうか。はなはだ心もとないのが、偽らざる気持ちだ。

中国民主化運動は、今後も険しい道を歩み続けることになるだろう。活動家は中国国内と海外とに分かれているが、海外から大きなうねりを起こすことは難しい。大きな力を生み出すのは中国国内からでなければ。

無論、現実は厳しい。**中国共産党は5000年の中国史において、かつてないほどの監視社会を築き上げた。**社会のありとあらゆる場所に、中国共産党と中国共産主義青年団の組織が入り込んでいる。**政府だけではなく、軍、警察、学校、工場、街道弁事処（住民委員会）、村、そして外資系企業の内部にすら党と共青団の組織が入っている。まるで全身に転移したがん細胞のように、14億人に付着している**のだ。中国人民の抵抗は、きわめて困難だと言わざるを得ない。

そんなさなか、2017年7月、北京市では約6万人が集まる大きな抗議デモが起きた。1999年の法輪功以来の、北京での大規模抗議集会だ。主人公は「善心匯《シャンシンホイ》」[21]という団体である。彼らは慈善事業のためにカネを集め、高額の利子をつけて返すと約束していた。いわばネズミ講だ。

経済犯罪であること、そして強い動員力を持つことから政府に警戒され、団体トップが摘発された。そこで彼の釈放を求めて、一般会員が抗議活動を行ったのだ。その際に「我々は共産党を擁護している」「習近平主席を支持」というスローガンも掲げていたことに注意が必要だ。

こうした活動と私たち海外民運が、どう向き合えばいいのか、非常に難しい課題だ。「ネズミ講を支持するべきではない」、あるいは、スローガンからもわかるように「中国共産党を支持している人間を支援するべきではない」という意見もあれば、「彼らとて体制の犠牲者なのだから支援するべき」だという声もある。

私自身、「善心匯」を支持するべきだと考えている。スローガンは状況によって変わるものだ。**重要なのは、社会の弱者たちが生活改善を求めて動き出したこと、リーダーの逮捕に際して政府に抗議の声を上げたこと**だ。6万人を動員した組織力は称賛するべきであり、また政府に対する抗議やデモは基本的にすべて支持すべきものだと考える。

彼らのスローガンは、民主主義を求めるものではない。しかし、中国共産党の統治に対する抗議という意味では連携し得る。つまりこれは、広い意味での人権問題だと捉えるべきなのだ。

第4章注

P149▼

1. 王炳章（Wang Bingzhang）１９４７〜。民主化運動家。２００２年６月にベトナムの国境付近で中国公安に拉致され、現在終身刑で中国国内の刑務所に勾留されている。
2. 胡平（Hu Ping）１９４７〜。ニューヨーク在住の民主化運動家。『北京の春』誌の編集長を務めている。
3. 柴玲（Chai Ling）１９６６〜。天安門事件の学生指導者。ハンガー・ストライキを発起したひとりでもある。90年、香港を経由して中国から脱出。同じ学生指導者と離婚後、アメリカ人と再婚し、現在は会社経営者。
4. ウーアルカイシ　１９６８〜。天安門事件の学生指導者で民主化運動家。ウイグル族。事件時、北京師範大学に在籍しており、劉暁波は指導教官のひとり。ハーバード大学で学んだのち、現在は台北在住。
5. 厳家祺（Yan Jiaqi）１９４２〜。元中国科学院社会科学研究所長。趙紫陽のブレーンのひとり。天安門事件後フランスへ亡命し、民主化運動組織を設立。現在はアメリカ・ニューヨーク在住。
6. 陳一諮（Chen Yizi）１９４０〜２０１４。元中国国家経済体制改革研究所長。厳家祺同様、趙紫陽のブレーンを務める。天安門事件でアメリカに亡命。
7. 万潤南（Wan Runnan）１９４６〜。中国の事業家、民主化運動の活動家。64年清華大学入学。84年に北京で四通集団公司を設立し、社長を務める。天安門事件で亡命。
8. 王丹（Wang Dan）１９６９〜。民主化運動家。１９８９年、北京大学1年生のとき、天安門事件の学生指導者となる。２０１７年、8年間暮らした台湾を離れワシントンへと拠点を移す。
9. 徐文立（Xu Wenli）１９４３〜。中国民主党のリーダーのひとりで、「中国民主の壁」の創設者。『四五論壇』というアンダーグラウンドの雑誌の編集を務める。中国政府に二度投獄され、計16年の実刑を受けた。２００２年、アメリカに亡命。
10. 劉青（Liu Qing）１９４６〜。民主化運動家。魏京生の盟友。政治犯として79年から90年まで11年間投獄された。92年、アメリカに亡命。11年に及ぶ獄中生活を記したノンフィクション『チャイナ・プリズン――中国獄中見聞録』は邦訳もされた。

11. 王有才（Wang Youcai）　１９６６～。民主化運動家。１９８９年の天安門事件の学生指導者である。数度にわたり投獄されたのち、２００４年、アメリカに亡命。

P156▼
12. 高智晟（Gao Zhisheng）　１９６６～。人権派弁護士。法輪功学習者や中国家庭教会に対する人権侵害に言及。現在中国の秘密警察により拘束、虐待されている。

P163▼
13. 楊振寧（Yang Zhenning）　１９２２～。物理学者。出生時は中華民国籍。45年、渡米しシカゴ大学に留学後、プリンストン高等研究所、ニューヨーク州立大学教授を歴任。57年、素粒子研究で中華系として初のノーベル物理学賞受賞。64年にアメリカの市民権を獲得するも、２００４年中国に移住。同年53歳年下の女性と再婚。15年中華人民共和国籍取得。

P166▼
14. 月子中心　中心とはセンターのこと。中国では産後の肥立ちを促すため、出産後1カ月以上にわたり、母親に栄養のある食べ物を食べさせ、なるべく動かないようにさせる「座月子」（ヅゥオユエズ）という風習がある。そのための静養施設、産後ケアセンターのこと。近年では富裕層向けに、医師や看護師が常駐する専門施設「月子センター」が活用されることも多い。

15. 薄瓜瓜（Bo Guagua）　１９８７～。薄熙来と谷開来の息子。11歳のときにイギリスのビジネスマンでのちに谷開来に殺害されるニール・ヘイウッドの紹介で、イギリスの名門校ハーロー校に入学。２０１３年米国コロンビア大学ロースクールに入学し、16年に法学博士号を取得。その後の動向は伝えられていない。

16. 習明澤（Xi Mingze）　１９９２～。習近平と二番目の妻、彭麗媛の娘。米ハーバード大学卒。２０１５年、帰国し父のイメージ戦略、ネット戦略をアドバイスしていると噂されるが、正式発表はない。

P186▼
17. 銅鑼湾書店　中国共産党に批判的な書籍を扱う香港の書店。香港で２０１５年10月、銅鑼湾書店の店長などが行方不明になる事件が発生。8カ月後、行方不明になった関係者は、中国当局によって拘束されていたことが判明した。

P187▼18. 桂民海（Gui Minhai）　1964～。出版社勤務後にスウェーデンに留学。天安門事件後に同国の国籍を取得。事業家として成功する一方、文筆家としても活躍。2014年に銅鑼湾書店を買収。翌年、タイに滞在中に失踪、その後中国当局に拘束されていることが明らかとなった。17年に保釈された。

P189▼19. 北京の春　1978年秋頃から1979年3月まで展開された北京市の通称「民主の壁」での大字報（壁新聞）による中国民主化運動（「民主の壁」運動）のこと。中共独裁の問題などを批判した。運動はリーダーのひとりであった魏京生の逮捕で終息。

P190▼20. 民運海外聯席会議　1998年11月7日にカナダで設立された民主運動組織。以後、アメリカやイギリス、ドイツや北欧など、世界各国で支部が創設されている。魏京生が会議主席を務める。

P192▼21. 善心匯　2013年に張天明によって創設された企業。寄付を行うと数十日後に利息つきでお金が戻り、紹介者は手数料が得られるというネズミ講的なビジネスで一気に拡大。出資額が少ないほどリターンが多い、貧者に優しい慈善的ビジネスとの触れ込みだった。17年に創業者が経済犯罪容疑で逮捕されると、数万人もの加盟者が釈放を求めて北京市で抗議活動を行った。

第5章

〝崩壊しない中国〟は果たしてどこへ向かうのか？

――働きアリ企業、鉄飯碗、間違いだらけの新中国観

★独裁政権下で経済が繁栄するのは当たり前のセオリー

最後に「はじめに」でも触れた「中国崩壊論」について触れておきたい。

日本の中国報道では、いわゆる「中国経済崩壊論」なる主張が広がっているという。

いわく、

「中国のＧＤＰは過大に算出されたものであり、数字ほどの経済力は持っていない」

「そもそも、独裁国家であれほどの高成長が実現できるはずはない」

「発表されている成長率も実際とはかけ離れたもので、中国経済の崩壊は近い」

といった内容だ。

私は中国共産党には批判的な立場だが、「はじめに」でも述べたように、こうした「崩壊論」とは一線を画している。

まず経済成長についてだが、**実は独裁政権下でも高度成長は十分に可能だ。**かつて中国は世界一の経済大国だった。中国史における漢代の「文景《ぶんけい》の治」[1]、唐代の「貞観《じょうがん》の治」[2]、清代の「康乾《こうけん》の治」[3]は、いずれも専制皇帝の治世下における繁栄だ。**清朝の末期、欧米の侵略を受けて半植民地状態となった時点においても、中国のＧＤＰは全世界の約50％を占め**

ていた。現代においても「アジアの四小龍」[4]と称された韓国、台湾、シンガポール、香港は、いずれも民主主義がない状況で高成長を実現している。

では、なぜ中国はそれほどの経済力を持っていたのか。

理由はふたつある。第一に「大きさ」だ。中国は人口も面積も世界一を誇ってきた。戦争や自然災害がない限り、経済が発展しやすい状況にあった。

第二に商売に適した民族性だ。中国人の間では、リスクをとって果敢に商売をすることが尊ばれてきた。西洋の大航海時代のはるか昔から、中国商人はシルクロード交易や「鄭《てい》和《わ》の大遠征」[5]など危険な交易に挑み、成功させてきたのだ。

日本人にとっては中華人民共和国建国後、毛沢東時代の貧しい中国のイメージが強すぎて、現在の経済力をなかなか信じられないのではないのだろうか。だが、**歴史的な視点からみれば、毛沢東時代の衰退が異例**だったのだ。悪政から解き放たれれば、元のポテンシャルを発揮するのは当然といえよう。

中国共産党は、「改革開放以後の高度成長は自分たちの手柄だ」と言い立てているが、私から言わせれば笑い話でしかない。成長を阻害していた元凶こそ共産党であり、いくつかの枷を外したおかげで、本来の自力を発揮できるようになっただけなのだから。

しかも中国共産党の統治による弊害は、いまだすべてが取り除かれたわけではない。大きな問題としては汚職と環境破壊が挙げられる。中国の伝統王朝は、いずれも汚職が滅亡の要因となってきた。独裁権力は必ず腐敗する、これは「歴史の真理」だ。**建国からまもなく70年を迎える中華人民共和国も、今や汚職という毒が全身に回ろうとしている。**

そして環境破壊。日本でも「PM2・5」について広く報じられているが、問題はそれだけではない。大気、土地、水、すべてのものが汚染し劣化している。経済最優先で環境破壊を見過ごしてきたツケは、今や限界に達した。民主主義の国ならば、環境破壊を放置している政府が権力を保持し続けることなど不可能だろう。汚染は確実に人々の体をむしばみ、寿命を縮めているのだから。要するに、環境破壊もまた、独裁政治が生み出した負の産物なのである。

また、近年では中国政府は「中国発のイノベーション」が世界を席巻していると言い立てているが、これも真っ赤なウソだ。高速鉄道、モバイル決済、配車アプリ、ドローン、スマートフォンのメッセージアプリなどがイノベーションの実例として挙げられるが、これらはいずれも他国の成果を模倣しただけのもの。

しかも中国は、世界貿易機関（WTO）に加盟する際、知的所有権を遵守《じゅんしゅ》すると誓ったはずだが、実際には何ひとつ守ることなく、海外の研究成果をひたすら模倣し続けてきている。さらに、中国政府は自国に有利な産業政策をとっており、中国企業のライバルとなる外資系企業を中国市場から排除し続けてきた。**中国でグーグルを使えなくしておいて、同じ検索サイトの「百度《バイドゥ》」を育てたのが好例**だろう。中国の官僚は「西洋が数百年かけて歩んだ道のりを、中国はわずか数十年で実現した」と胸を張るが、他人の知的財産を盗んだだけのこと。いわば〝近道〟というズルをして、先頭集団に追いついたようなものだ。

最近では「アリババ」や「テンセント」などの民間企業が大きな存在感を示しているが、**実は本当の意味での民間企業は中国には存在しない。最初は民間企業だったとしても、成長するためには政治の後押しが不可欠**だからだ。有力民間企業はその陰に多くの「紅い貴族」、すなわち中国共産党元老やその子どもたちを株主として抱えている。彼らにカネを運ぶ〝働きアリ〟の役割を担わされているのだ。

世界で最も裕福な政府のカラクリ

中国経済が崩壊するか否か。

繰り返しになるが、**私は近い将来、中国経済が崩壊することはないと考えている。**中華人民共和国は、過去2回にわたり崩壊を体験した。最初は、1959年から始まった「大躍進」による4000万人もの餓死者を出す惨事。2回目は文化大革命だ。終結後、当時の最高指導者である華国鋒は「中国経済は崩壊直前に陥った」と嘆いたが、実際には崩壊していたと言って間違いない。ただ、この2回の崩壊は、いずれも毛沢東による失政、権力闘争のために経済を犠牲にしたことが背景にある。そうそう繰り返されるようなことはないだろう。

世界的に見てもテイクオフ、すなわち工業が成長軌道に乗り始めた人口が多い途上国では、景気が低迷することがあっても、経済が崩壊することはあり得ないのが通説だ。いったん工業化が進み始めれば、人口が多い国では労働者の所得が向上し、内需が高まっていく。そして、国内経済の好循環が始まる。資源や輸出に過度に依存した国とは異なり、ちょっとやそっとで大崩れすることはない。

中国、インド、ブラジル、インドネシア、フィリピン、南アフリカ、みんなそうだ。**少なくとも人口が増えている間は、崩壊はあり得ない。**

もちろん、局所的な崩壊はあるかもしれない。あるいは、金融、株、不動産など一部の業界が、大規模な縮小を迎える可能性は十分にある。だが、それが国家経済全体を揺るがすとは考えづらい。

その意味で、中国経済が崩壊する可能性はきわめて小さいのだ。天安門事件後、国際社会から経済制裁を受けた中国は3年連続でマイナス成長となったが、それでも崩壊することはなかった。

2016年、『習近平が中国共産党を殺す時　日本と米国から見えた『2017年のクーデター』』（ビジネス社）という本を出版した。石平氏との共著だ。ただタイトルとはうらはらに、私個人としては2017年に中国が崩壊するという考えはなかった。もっとも、予想が外れて中国共産党が崩壊することを祈ってはいたが……。

無論、崩壊しないからといって、中国経済が健全であるわけではない。**アメリカに亡命している中国人経済学者の何清漣《ホーチンリエン》[6]は「崩而不潰《ポンアルブクイ》」、すなわち崩れても壊滅はしないという表現で、中国経済の将来を予測**している。数多くの問題を抱えてゆっくりと腐っていくが、一気に倒れるようなことはないという見立てだ。私も彼女の意見には7割方賛成だ。

意見が違うのは財政についてだ。彼女は中国経済の成長率が鈍化すれば、中国政府は財政的余力を失い、景気対策や軍事力を維持する力をなくすと予測している。これは大きな間違いだろう。中国政府は世界一カネを持っている。単に高い経済力を誇っているというのではない。独裁権力によって生み出されたカネが、中国を支えているのだ。

どういうことか。

アメリカ経済は中国よりも大きいが、アメリカ政府が使える資金は限られている。国民の税金を使うには議会の同意が必要であり、手続きを踏む必要がある。ところが、中国は違う。必要とあらば、国内のすべての資源を政府のために使うことができる。しかも、国民の同意なしに、だ。

土地ひとつをとってみても、**中国のすべての土地は国有地である。一般市民は、土地の「使用権」を買っているにすぎない。**使用権は70年間という期限が決まっており、期限を迎えれば権利は消滅する。

「この年数は将来的には無限に延長されるはず」、あるいは「使用権と言ってはいるが、実際には所有権と変わりがない」と思っている人が多い。しかし、いずれも絶対ではない。中国共産党は、必要に応じて使用権を延長せずに土地を回収することができる。すべては状況次第だろう。

「社会主義市場経済」という珍妙な名の下、中国では私有財産を持つことが認められたかのように思える。だが実際には、**一般市民にとって最大の財産である土地は国のもの、それ以外の財産も権力者の考えひとつでいつ没収されても不思議ではない**のだ。

中国共産党は独裁権力を駆使して、いくらでもカネを庶民から吸い上げることができる。だから世界で最も裕福な政府なのだ。たとえ経済成長が鈍化したとしても、中国政府が資金に困ることは考えづらい。

★武力で金融をコントロールするあり得ない経済政策

2017年7月、北京市で「全国金融工作会議」が開催された。5年に一度開催される、中国の金融の先行きを決める重要な会議だ。**きわめて不可思議なのは、この金融畑の会議に軍と武装警察の代表も参加していること。**「金融安全」は、政権の安定に直結すると習近平が考えているためだろう。

実は、かつて毛沢東も同じことをしている。文化大革命で劉少奇を打倒したのち、人民解放軍を学校、工場、農村とあらゆる現場に派遣し、軍事管制委員会を組織した。工業、農業、教育のすべてを、軍によって管理させたのだ。習近平は毛沢東に学び、軍と武装警察を金融会議に参加させた。「いざとなれば、軍事管制委員会の再結成も辞さない」という脅しである。

先進国では考えられないような話だが、中国は必要とあらば軍事力によって経済を統制することもある。2015年の「上海株暴落対策」が、その好例だろう。中国公安部副部長が証券会社を捜査し、株を売ることは許さないと圧力をかけたのだ。

ネットユーザーが「銃によって株式市場を救った」と揶揄したように、中国ではこうした信じられないような強権がまかり通ってしまうのだ。**アリババのジャック・マー**[7]**ら大富豪たちも、当局に厳しく監視されている。資金を海外に流出させないよう、政府は常に目を光らせている**のだ。

「成長率神話」とズレ始めた国民感情

このように、中国経済にはさまざまな問題があるが、最大の問題はその不透明性だろう。中国政府が発表する数字は、とにかく信用できない。**かつて「保八《バオバー》」（8％成長死守）を掲げていた時代には成長率は8％になり、「保七《バオチー》」に変えると7％成長となった。まるで目標値に合わせて現実の経済が成長率を変えているかのようだ。**以前ならば、地方政府がごまかしていると説明できたかもしれないが、現在では地方で収集した生のデータを中央省庁が統括して発表する仕組みとなっている。成長率を改ざんしているとするならば、それは中央政府にしかできないことなのだ。

アメリカでは、こうはいかない。たとえ政府発表の経済統計を改ざんしたとしても、民間の統計まで操作することはできない。虚偽の数値を発表すれば、民間の数値と照らし合わされ、すぐに異変が察知されるだろう。しかし、中国では民間企業が独自の経済統計を発表することを禁じられている。政府以外の統計はなく、政府統計も権力者の胸ひとつで書き換えることができてしまう……。

いずれにせよ、中国の経済データには、いくばくかの水増しが含まれていることは間違いないだろう。ごまかしがどの程度のレベルなのかは、はっきりしないが。

かつて中国共産党は、マルクスと毛沢東の思想の正しさをもって政権の正統性としてきた。しかし今では、この古くさいイデオロギーを本気で信じている人などいくらもいない。そこで担ぎ出されたのが「経済成長」だ。中国共産党こそ経済を成長させられると喧伝し、一党独裁の正統性の根拠とした。だからこそ成長率が鈍れば、一般市民の心は共産党から離れるのではないかと恐れているのだ。

ただし、これは共産党の考えすぎという部分もあるだろう。何せ、第2章で説明したノスタルジックな一部の「毛左」を除く一般の中国人は、まだまだ毛沢東時代を覚えている。当時の絶望的なまでの貧困と比べれば、今のほうがずっとましだということをよく理解しているのだ。しかも海外旅行をする人が増え、かつては憧れだった先進国が、思っていたように豊かではないこともだんだんわかってきた。

中国と比べればアメリカのＧＤＰのほうがはるかに上だが、その分、物価も高いので自由になるカネはそう多くはない。「爆買い」が示すように、今では一部の中国人のほうが裕福と言っても過言ではない。そのため、たとえ成長率が低下したとしても、毛沢東時代の貧困に帰るよりはまし。そう考える人が増えてきた。なので、**経済低迷が即座に治安不安につながることはない**だろう。

★「治安維持費」から生み出されるおいしい〝鉄飯碗〟

中国のネットでよくささやかれる話に、「治安維持費」の問題がある。中国政府の国家予算統計には、「公共安全支出」なる項目がある。武装警察、警察、裁判所などにかかる費用の総計だ。ネットユーザーからは「治安維持費」と呼ばれている。

２０１１年、この金額が「国防費」を上回った。治安維持費の大半を占めるのが武装警察関連の支出だ。つまり、**外敵に備える国防費よりも、内乱を押さえ込む治安維持費のほうに金額を割いた**ことになる。中国共産党の性格がよく伝わるエピソードだと、話題になったのを覚えている人もいるだろう。

だが治安維持費は、単に内乱を防止する警察力を高めるだけに使っているのではない。**多くの雇用を生み出し、政権寄りの一般庶民を大量に作り出すためにも使われている**のだ。これも、いわば「離間の計」といえよう。

この治安維持費を使って、中国人が心をひとつにして政権に歯向かうことがないよう、独裁体制のおこぼれをもらう一般人を作り出している。あるいは、国民同士を争わせ、批判が政権トップに向かわないようにもしているのだ。

中国で公務員は「鉄飯碗《ティエファンワン》」と呼ばれている。壊れることのない鉄の茶碗＝食いっぱぐれがなく手厚い福利厚生をもらえるという意味だ。日本語では「親方日の丸」が当てはまるのだろうか。

庶民の多くは政府に不満を持っているが、同時に、「自分も権力のおこぼれをもらえるならばもらいたい」と考えている。公務員試験が凄まじい倍率となっているのが、何よりその証左だといえるだろう。

★環境問題を深刻化させた3つの絶望的要因

他方、中国の環境問題はきわめて深刻だ。なぜここまで悪化してしまったのか。そこには3つの要因がある。**「統治者の思考」「国民性」**、そして**「一党独裁体制」**だ。

それぞれを見ていこう。

中国の統治者は、きわめて近視眼的な〝功利主義者〟だ。

改革開放を主導した鄧小平は、まず経済建設を優先するとの方針を示した。しかし、この指導思想には大きな問題が潜んでいた。すべてに優先して経済成長に取り組んだため、格差の拡大、汚職、知的所有権の軽視など、さまざまな問題を引き起こしたのだ。環境破壊も、そのひとつである。

続いて国民性。

中国人の多くは、環境を大事にするという社会的良知を欠いている。自分のものは大切にするが、他人のものや公共財はいい加減に扱う。つまり、エゴの固まりだ。環境も公共財のひとつである。本来ならば皆で大事にすべきものだが、エゴが優先した国民性だと、「自分のものではないのだから」と汚し放題になってしまう。

最後に政治制度の問題だ。

中国のような一党独裁で言論と報道の自由がない国では、違法行為を監視する民主主義のメカニズムが欠如している。官僚と企業家が癒着し工業廃棄物を違法投棄したとしても、誰もそれを押し止めることができないのだ。

ブレーキが利かぬまま、中国の環境汚染はひたすらに深刻化していった。**今では中国の河川の70％は重度の汚染と評価されている。人間の利用には適さないという深刻な汚染**だ。これほどの惨状になってもなお、中国人は見て見ぬフリを続けた。

状況が変わったのは、「PM2・5」に代表される大気汚染の深刻化のためだ。他の汚染と違って、大気汚染は四六時中つきまとい、誰も逃れることができない。**周囲が見えなくなるような分厚いスモッグに包まれたとき、初めて中国人は汚染が命にかかわる深刻な問題だと気づいた。**国民の怒りを知った中国政府も、環境汚染は治安を乱しかねない要因だと認識し、ついに本腰を入れて環境対策に乗り出したのだ。

つまり中国政府も中国人も、環境意識が高まったから対策を始めたのではない。政権の危機、命の危機に直面して仕方なく取り組み始めたというのが正しいところだ。

もちろん、中国にも環境問題に取り組む活動家はいる。だが、彼らは社会秩序を乱す存在として、摘発され、迫害されてきた。中国の国民も、環境保護活動家と連帯しようとはしなかった。

環境保護は、とにかく時間のかかる仕事だ。仕方なく取り組んでいるような現状では解決できようはずもない。環境意識を高め、民主主義を確立し、汚染に対する厳しい市民の監視が行われるようにならない限り、根本的な解決は不可能だろう。

“間違いだらけの新中国観”からそろそろ目を覚ますべき

トランプ大統領が地球温暖化対策のパリ協定離脱を決断したことを受け、アメリカの代わりに**中国が世界的な環境保護のリーダーになると期待する声も上がっている。だが、これは明らかに理解不足**だ。

中国が自国の環境保護に無策であることはすでに述べたとおりだが、問題はそれだけではない。アフリカや南米など中国資本が進出した国では今、深刻な環境破壊に直面している。中国企業は、自国と同じ野蛮なやり方を世界中に輸出しているのだ。

米紙『ニューヨークタイムズ』は「汚染、中国からのもうひとつの輸出」と題して、この状況を報じたことがある。世界中で今まさに環境を破壊している国が、世界のリーダーになれるだろうか。

貿易でも同じだ。トランプ政権が「アメリカファースト」を唱え、環太平洋経済連携協定（TPP）から脱退するなど、自由貿易の旗振り役から退却しつつあるなか、中国に期待する声も高まっている。習近平も「中国は自由貿易を堅持する」と、ダボス会議で発言するなど、アメリカの後釜に色気を見せているが、とんでもない話だ。

中国のWTO加盟から15年、ほとんどの約束は反故にされた。本来ならば加盟15年で中国は市場経済国として認定される予定だったが、日米欧のいずれも認定を拒んでいる。中国が、市場経済国とはほど遠い存在だからだ。

また高高度防衛ミサイル（THAAD）配備問題で、中国が韓国に対して行った報復措置は、自由貿易の理念とはおよそかけ離れた行為だった。**国家による経済制裁を行えばWTOルール違反は明白になるため、「国民が自主的にボイコットしている」という体裁で韓国製品の不買運動を行った**のだ。中国共産党が後ろから指図していることは明白だ。見え透いたウソと言うべきだろう。

台湾に対してもそうだ。馬英九政権との間で中台の経済関係は急接近し、両岸経済協力枠組協議（ECFA）が締結された。ところが政権が代わり、台湾独立綱領を掲げる民進党の蔡英文政権が誕生すると、中国政府は態度を一変。中国国民の台湾旅行を制限するなど、〝非公式な経済制裁〟を行っている。

日本人も覚えているだろう。2012年、尖閣諸島国有化の際に日本に対してレアアースの輸出を制限するなどの報復措置を行ったのだ。無論、今後も何か問題が起きれば、同様のWTOルール違反の報復を敢行するだろう。

もっともアメリカのトランプ大統領は、就任後から中国に対して経済赤字を是正するべく、関税などの交易ルールの再検討を申し入れている。「アメリカファースト」のトランプ大統領が、自国に有利なように貿易ルールをねじ曲げようとしているとの論評もあるようだが、そこには明らかな誤解がある。なぜならば、**現状のルールは中国にきわめて有利に設定されている**のだ。

中国からアメリカに農作物を輸出する場合にかかる関税はわずか4・4%だが、アメリカから中国に輸出する場合には15・6%という高い税金が必要となる。自動車に関しては、中国からアメリカへの輸出の際の関税は2・5%だが、その逆は25%だ。中国にとってあまりに有利すぎるルールだ。

世界第二の経済大国になった以上、よりフェアなルールに改正するのは当然のことだろう。しかも、中国はきわめて有利なルールを享受しておきながら、そのルールすら守っていないというありさまだ。

これで自由貿易の世界的リーダーなどと名乗れるわけがない。世界の国々は、**〝間違いだらけの新中国観〟を今すぐ見直すべき**なのである。

第5章注

P198▼1. 文景の治　前漢の文帝、景帝の統治期間（紀元前180年～紀元前141年）を指す言葉。戦乱からの復興を図るために、民力の休養と賦役の軽減を柱とした政策を実行した。

2. 貞観の治　唐の第2代皇帝太宗の治世、貞観時代（627年～649年）の政治のこと。経済復興を成し遂げ、中国史上、政治的に最も理想的な時代とされた。

3. 康乾の治　清朝第3、4代康熙帝、第5代雍正帝、第6代乾隆帝の治世（1661年～1795年）のこと。康乾盛世ともいう。この時期、清の領土は最大規模に広がった。

P199▼4. アジア四小龍　香港、シンガポール、韓国及び台湾のこと。英語ではアジアの4頭の虎という。1960年代の日本の高度経済成長に続き、これら4つの国・地域は工業化に成功し急速な経済発展を遂げた。定義にもよるが、四小龍はいずれも先進国の仲間入りを果たしている。

5. 鄭和　1371～1434。明代の宦官で武将。今の雲南省出身のイスラム教徒。1405年から7回にわたり大船団を率いて世界を遠征。遠くアフリカにまで足跡を残す世界史に類を見ない航海事業となった。中国国内では、現在の一帯一路政策のシンボルともなっている。

P203▼6. 何清漣（He Qinglian）　1956～。、経済学者、ジャーナリスト、作家。2001年アメリカに脱出し、中国経済を批判的に分析し続けている。

P206▼7. ジャック・マー（馬雲、Ma Yun、マー・ユン）　1964～。アリババの創業者、現会長。ソフトバンクグループ取締役。中国一の富豪で純資産379億ドル。アリババの時価総額は世界トップ10に入っている。

おわりに

★私が今なお闘い続ける本当の理由

さて、ここまで中国の現状について分析してきた。最後に私の思いを吐露したい。私の心境は複雑だ。若き日の私は、中国に理想を抱いていた。民主化し生まれ変わってほしい。いつか、アメリカのようなすばらしい国になってほしいと。

だが現実は真逆に推移している。天安門事件からおよそ30年、中国共産党は独裁体制をさらに強化した。**中国社会の道徳はますます失われ、人々は自らの安逸だけを求める傾向が強まっている。**「民主化」は果てしなく遠い目標になってしまった。中国と中国人について失望していないと言ったらウソになる。

★　★　★

私はもともと小説家になることが夢だった。実際に小説を書いたこともある。民主化運動からは手を引き、自らの文学活動に没頭しよう、家族との時間を大切にしよう、そう思ったことが何度もある。

私のような人間が中国を救えるはずがない。どうせ中国を変えることができないのならば、自分と家族のためだけに生きたほうがいいのではないか。

そう思ったのだ。

だが、私には責任がある。中国の民主化を信じて戦い死んでいった者たちに託された責任が。**私の命は私ひとりのものではない。理想に殉じた者たちから、バトンを託されているのだ。**

そして私には、多くの支援者がいる。見知らぬ人から

「あなたは私たちの代弁者だ」

「いつもあなたの番組を見ている」

と声をかけられることが多い。私があきらめてしまえば、そうした支援者は必ずや私と、そして民主化運動に失望するだろう。

こう考えて、私は必死に自らを奮い立たせている。**私が生きている間に中国の民主化は実現しないかもしれない。いや、冷静にみれば実現しない可能性のほうが高い**だろう。ならば、死んでいった者たちから託されたバトンを、次の世代に託すのが私の使命だ。

「豊かになった中国からは、もう民主化運動家など出てこない」

こんなうがった意見もあるが、私はそうは思っていない。第3章で引用した「江山代有

人材出」のように、どの世代にも人材は必ずいると信じている。

★★★

独裁政権がどれほど強圧的な政治を行っても、いかなる洗脳教育を行ったとしても、全体の5％は真実に目覚め勇気をもって立ち上がる。これは歴史の真実だ。

私自身もそうした5％のひとりだった。私は1963年生まれ。文化大革命を体験した世代である。

子ども時代に映画を見たときのことをよく覚えている。映画本編が始まる前に毛沢東の写真が映し出されるのだが、輝く光線によってゴテゴテと飾りつけられていた。周囲の大人たちは皆必死に拍手していたが、私はなぜだか彼らの態度にウソ臭さを感じずにはいられなかった。

もうひとつ印象深いのは父の思い出だ。父は文革で吊し上げを喰らった犠牲者だが、それでも忠実な共産党員だった。音楽教師だったので、よく毛沢東や文化大革命を讃える歌を歌ってくれた。

だが私は、どうしても好きになれなかった。そうした歌を聴くと、どうしても父が殴られている姿が頭に浮かんでしまうからだ。「こんなひどいことをする文化大革命の何がいいのだろうか」と、いつも疑問に思っていた。そこであるとき、ついに父親に「あんなに殴られたのに！　文革の何がいいって言うんだ」と言い寄ったことがある。父は私をにらみつけたが、何も言わなかった。

中国の専制政治に対する違和感、反発は誰かに教えられたものではなく、私の内から生まれたものだ。恐らく次の世代にも、私と同様に中国共産党の統治に反発する者が生まれるだろう。その**次世代の〝5％〟にバトンを渡すため、私は死力を尽くす。**

★　★　★

文化大革命が終結すると、中国共産党は弾圧された者たちの名誉回復を図り、また毛沢東の批判を始めた。１９８１年には文化大革命を過ちとする公的決議が採択された。

私は子ども時代に覚えた違和感が正しかったことを知ったが、その当時はそれ以上のことは考えなかった。だが**18歳のこのとき、「文革は間違いだった」と共産党が認めたことにより、問題は中国の独裁体制にあると悟った。**単に毛沢東を批判して済む話ではない。民主化しなければ中国に未来はないと確信したのだ。

日本で民主主義に対する失望が広がっている理由のひとつとして、イギリスやアメリカのように国民が自らの力で勝ち取ったのではなく、第２次世界大戦の敗戦の結果、外から与えられたものであり、だから、いまだに自らの血肉にできていないという思いもあると聞いた。

私は驚いた。民主主義にはさまざまな形があり、**革命や独立戦争を経なければ真の民主主義は得られないというのは、あまりにも理想主義に過ぎる**のではないか。少なくとも中国人の目から見ると、あまりにも贅沢な要望だ。中国と比べると、日本はきわめて幸運な国だといえるだろう。

第2章でも触れたように、そもそも日本の近代民主主義の起源は1945年以前、明治維新にまでさかのぼれるのではないだろうか。天皇を君主とした近代国家の建設が始まり、1889年には帝国議会が創設されている。当初は普通選挙ではなかったとはいえ、日本の近代国家、民主主義の歴史は何も1945年に始まったわけではないと言いたい。

確かに明治維新は上からの改革だ。国民の突き上げで民主主義に移行したわけではないが、啓蒙君主によって政治改革が進んだ例は世界にいくらでもある。

逆に中国はどうだったのだろうか。「中国版明治維新」の可能性があったのは1898年の「戊戌変法」だ。しかし、西太后ら保守派の抵抗にあい、わずか100日で頓挫してしまった。

日本は明治維新後、軍国主義という〝後退〟を体験したが、第2次世界大戦の敗戦を受け、再び民主化の道に復帰している。一方、中国にとって2回目の民主化のチャンスは天安門事件だったが、鄧小平を筆頭とする保守派に潰された。

第3章を思い出してほしい。もし天安門事件が起きるタイミングが数年後だったら、すなわち東欧革命とソ連崩壊の後だったならば、中国の保守派も世界的な潮流には抗しきれないと観念して政治改革に同意した可能性は高かったのではないか。天安門事件の発端は改革派である胡耀邦の死だ。天が彼にもう少し寿命を与えていたならば、中国の運命はまったく変わっていた可能性もあったのだ。**中華民族は、「運」に見放されている**としか言いようがない……。

★　★　★

中国には毛沢東という人間がおり、彼の主導で文化大革命が起きた。中国の史跡の90％が破壊され、伝統的文化も社会的道徳も、その多くが失われた。

だが、日本は違う。世界大戦での敗戦を経ても伝統的文化や史跡の多くは残っており、日本の歴史を昇華させた民主主義国家を築いているのではないか。

何も日本をむやみに称賛するつもりはない。選挙の投票率が低いなど、日本の問題はよく知っている。思うにふたつの要因があるのではないか。

第一に緊張感の欠如だ。台湾やフィリピンなど新興民主主義国は投票率が高い。新たに得た投票の権利を大事にしようとする緊張感があるためだ。もし民主主義が後退すれば、再び独裁体制に戻りかねないという危機感があるためだ。一方、安定した民主主義体制を築いている日本やヨーロッパでは、概して投票率が低い傾向がある。

もうひとつ、日本人は民主主義を当然のものだと考え、大事に思えなくなっているように感じる。水や空気は生きていくためには必要不可欠なものだが、ありふれた存在ゆえになかなかその貴重さに気づくことはない。まさに第5章で触れたように、現代中国の環境問題よろしく、存亡の危機に直面して初めてその重要性を再認識するのだ。

先日、ある日本の中国研究者と話をする機会があった。話題が劉暁波に及んだとき、彼女は突然涙を流した。そして、

「劉が投獄された後も、いつの日か再会できると信じていた。まさか〝獄死〟するとは思わなかった。中国人と触れ合うまでは言論と報道の自由、民主主義の大切さに気づかなかったが、中国を知ることを通じて、改めて日本の民主主義の大切さに気づいた」

と切々と語ったのである。

★　★　★

中国は将来、一体どのような道を歩むのだろうか。私の夢は民主主義の大国になることだ。アメリカとイギリス、この二大民主主義国が欧米の民主化と発展を支えたように、**中国と日本が民主主義国としてアジアの礎と平和を築く。そんな未来が来たら、どれほどすばらしいことか。**

もちろん現実は真逆に進んでいる。国内では国民を脅し上げ、対外的には力による威嚇を続ける。中国がこのような国であり続ければ、世界平和にも悪影響を及ぼしかねない。第3次世界大戦、核戦争といった悪夢にまで発展しかねない。

思うに、世界的安全保障を実現するための最も有力な手段こそ、「中国の民主化」ではないだろうか。強大化する中国を前に、国際社会はそこで今この瞬間も起きている人権問題に口をつぐみがちだ。

だが**中国の人権問題にコミットすること、中国の民主化を支援することは、慈善活動でもなければ外交的悪手でもない。世界平和と地域の安定に資すること、そして、日本の国益につながるということをよく理解してほしい。**

これが私から日本の読者へのたったひとつのお願いである。

2018年1月　ニューヨークにて

陳破空

[略歴]

陳破空（ちん・はくう）
1963年、四川省三台県生まれ。湖南大学、同済大学に学ぶ。85年、胡耀邦総書記に政治改革を直訴し、翌年、上海での民主化組織の立ち上げに関与するなど、中国の民主化運動をリード。87年、広州の中山大学経済学部助教授。89年、天安門事件に呼応し、広州での民主化運動をリーダーとして主導。同年及び93年に投獄され、計4年半に及ぶ獄中生活を送る。96年、アメリカに亡命。その後、コロンビア大学大学院にて経済学修士号を取得。現在、政治評論家としてラジオ・テレビなど、さまざまなメディアで中国政治・経済・社会の分析を行う。
著書に『習近平が中国共産党を殺す時』（石平との共著）『中国人だからわかる 常識ではあり得ない中国の裏側』（ともにビジネス社）の他、『赤い中国消滅』（扶桑社）、『赤い中国の黒い権力者たち』（幻冬舎）、『日米中アジア開戦』『米中激突』（ともに文藝春秋）などがある。

[訳]高口康太（たかぐち・こうた）
ジャーナリスト、翻訳家。1976年生まれ。千葉大学人文社会科学研究科（博士課程）単位取得退学。中国をフィールドの中心に『週刊東洋経済』『Wedge』『ニューズウィーク日本版』『日経ビジネスONLINE』などの雑誌・ウェブメディアに寄稿する他、独自の切り口から中国・新興国を論じるニュースサイト「KINBRICKS NOW」を運営。著書に『なぜ、習近平は激怒したのか――人気漫画家が亡命した理由』（祥伝社）、『現代中国経営者列伝』（星海社新書）など。

編集協力：株式会社日本新唐人

カネとスパイとジャッキー・チェン

2018年2月3日　　第1刷発行

著　者　陳 破空
訳　者　高口 康太
発行者　唐津 隆
発行所　株式会社ビジネス社
〒162-0805　東京都新宿区矢来町114番地 神楽坂高橋ビル5F
電話　03(5227)1602　FAX　03(5227)1603
http://www.business-sha.co.jp

〈カバーデザイン〉大谷昌稔
〈本文組版〉茂呂田剛（エムアンドケイ）
〈印刷・製本〉中央精版印刷株式会社
〈編集担当〉大森勇輝　〈営業担当〉山口健志

©Chen Pokong 2018 Printed in Japan
乱丁、落丁本はお取りかえいたします。
ISBN978-4-8284-2005-9